国家级职业教育规划教材

全国职业院校汽车类专业新形态工作手册式教材

全国技工院校汽车类专业工学一体化教材

汽车保险与理赔

中德诺浩汽车职业教育研究院　组织编写

主编　吕丕华

中国劳动社会保障出版社

内容简介

本书是全国职业院校汽车类专业新形态工作手册式教材 / 全国技工院校汽车类专业工学一体化教材，由中德诺浩汽车职业教育研究院组织开发。全书共包含 4 个学习情境、16 个学习任务，内容涵盖销售交强险、为车辆承保、销售商业险主险、销售商业险附加险、制定投保方案、接听报案电话、现场查勘、记录事故现场、事故定损、理赔申请、赔款理算、保险销售实练、保险理赔实练等。

本书可作为全国职业院校与技工院校汽车类专业教学用书，也可作为汽车售后服务企业相关技术人员与社会人士培训参考用书。

本套教材由吕丕华主编，本书由许智达负责编写。

图书在版编目（CIP）数据

汽车保险与理赔 / 吕丕华主编. -- 北京：中国劳动社会保障出版社，2023

全国职业院校汽车类专业新形态工作手册式教材 全国技工院校汽车类专业工学一体化教材

ISBN 978-7-5167-5782-6

Ⅰ. ①汽… Ⅱ. ①吕… Ⅲ. ①汽车保险 – 理赔 – 中国 – 职业教育 – 教材 Ⅳ. ①F842.634

中国国家版本馆 CIP 数据核字（2023）第 022527 号

中国劳动社会保障出版社出版发行

（北京市惠新东街 1 号 邮政编码：100029）

*

北京市白帆印务有限公司印刷装订 新华书店经销

880 毫米 × 1230 毫米 16 开本 9.75 印张 237 千字

2023 年 3 月第 1 版 2024 年 2 月第 3 次印刷

定价：31.00 元

营销中心电话：400-606-6496

出版社网址：http://www.class.com.cn

http://jg.class.com.cn

当前，我国正在加快实施“中国制造 2025”计划，处于由制造大国向制造强国、由人力资源大国向人力资源强国发展的重要时期，党和国家为此制定了一系列科教兴国、人才强国的战略措施。

在人才队伍中，工作在生产一线的技能型人才是重要基础。高素质技能型人才队伍是推动经济社会发展的重要保障，职业教育是培养高素质技能型人才的主要渠道。尽管世界各国国情不同，发展职业教育的条件、政策和具体措施各异，但无论发达国家还是新兴工业化国家，均普遍重视职业教育在培养高素质技能型人才中的重要作用，把发展职业教育作为人力资源开发、振兴经济、增强国力的战略选择。

德国的职业教育水平处于世界领先地位。德国经济在世界金融危机中之所以依然稳健发展，与其因职业教育发达而拥有大量的高素质技能型人才是分不开的。完备的法律制度和各方面的高度重视，为德国的职业教育发展提供了有力保障。德国的双元制职业教育制度将劳动人事制度与教育制度有机地结合在一起。学校和企业都是培养人才的主体，并承担相应责任，学校和企业的教学计划、形式和内容虽各有侧重，但又相互联系，且均以工作任务为教学载体，将技能学习和训练、理论学习和运用有机结合，充分发挥学生在教学中的主体作用，着力培养学生承担社会责任的能力、独立发现和解决问题的能力、在实践中自主学习的能力。

改革开放以来，我国在借鉴国外先进职业教育经验方面取得了可喜成就。我国职业教育的对外交流与合作就是从借鉴和学习德国经验开始的，中德诺浩（北京）教育投资股份有限公司为此做了积极而有效的探索。

长期以来，该公司致力于引进德国的汽车职业教育资源，与德国手工业协会合作，在国内与以德国品牌为主的汽车合资企业和各类职业院校共同开展教育工作。经过多年的探索，结合我国国情，该公司成功地

引进德国汽车职业教育的课程体系、教学素材和教学方法，并结合互联网手段进行了全方位本土化，在此基础上与 300 多所职业院校联手，为我国汽车维修企业培养了大批优秀人才。与此同时，该公司组织中德两国的汽车技术专家、经验丰富的维修技师和职业教育专家，共同编写了职业院校汽车类专业新形态工作手册式教材。这套教材以培养高技能人才为目标，内容选自实际操作，既“原汁原味”地吸纳了德国经验，又结合我国实际情况充实了教学内容，推动我国汽车维修技能型人才的培养与世界接轨。我期待其在我国培养国际标准汽车高技能人才方面发挥出重要作用，在中国由汽车大国向汽车强国迈进的征程中做出应有的贡献。

唐天标

（本序作者系第十一届全国人大常委会委员、第十一届全国人大教科文卫委员会副主任委员，原中国人民解放军总政治部副主任，上将军衔）

前言

职业教育是国民教育体系和人力资源开发的重要组成部分，肩负着培养多样化人才、传承技术技能、促进就业创业的重要职责。随着新型工业化的推进和科学技术的发展，现代职业教育体系越来越成为国家竞争力的重要支撑。为贯彻落实全国职业教育大会精神，推动现代职业教育高质量发展，加快构建现代职业教育体系，建设技能型社会，弘扬工匠精神，培养更多高素质技术技能人才、能工巧匠、大国工匠，满足我国汽车产业迅猛发展对高端技术技能型汽车人才的需求，中德诺浩在总结多年来将德国汽车职业教育中国本土化经验的基础上，编写了这套职业院校汽车类专业新形态工作手册式教材。

本套教材将理论基础和实践应用有机结合，在引领学生学习汽车专业知识的同时培养学生实际操作技能，具有以下特点：

（1）以企业一线任务为引导，将理论知识与实践技能进行完美结合。

（2）集图、文、声、像于一体，为学生提供多种形式的学习素材。

（3）采用四色印刷，版面简洁清晰、主题明确、色彩清新。

（4）本套教材配有丰富的数字化教学资源，学生可通过扫描每本书专属的封面二维码进行浏览和自学。

本套教材由中德诺浩汽车职业教育研究院组织编写，编写方式充分发挥了学生的主体地位，优化了课堂设计，便于调动学生的学习积极性和主动性，还可培养学生的创新意识和创新能力。

本套教材是职业院校汽车类专业核心课程教材，同时也可供从事汽车研究、设计、制造、使用和维修的工程技术人员学习和参考。

由于时间紧、任务重，本书内容难免有不恰当和错误之处，敬请广大读者批评指正！

编者

2022 年 10 月

目录

CONTENTS

情境一

汽车保险销售

任务一　销售交强险

<table>
<tr><th colspan="6">销售交强险任务工单</th></tr>
<tr><td>客户信息</td><td>姓名</td><td colspan="2"></td><td>电话</td><td></td></tr>
<tr><td rowspan="2">车辆信息</td><td colspan="2">车型</td><td colspan="2">VIN 码</td><td>行驶里程</td></tr>
<tr><td colspan="2"></td><td colspan="2"></td><td></td></tr>
<tr><td>任务描述</td><td colspan="5">销售交强险 □　销售商业险主险 □　销售商业险附加险 □　制定投保方案 □
接听报案电话 □　现场查勘 □　记录事故现场 □　事故定损 □
理赔申请 □　赔款理算 □　承保 □
其他：</td></tr>
<tr><th colspan="3">车辆外观检查</th><th colspan="3">车辆内部检查</th></tr>
<tr><td>凹凸 □</td><td colspan="2" rowspan="4"></td><td>污渍 □</td><td colspan="2" rowspan="4"></td></tr>
<tr><td>划痕 □</td><td>破损 □</td></tr>
<tr><td>石击 □</td><td>色斑 □</td></tr>
<tr><td>油漆 □</td><td>变形 □</td></tr>
<tr><td>明确具体工作任务</td><td colspan="5"></td></tr>
</table>

任务目标

- 能够为客户讲解交强险
- 能够查阅交强险的保险条款
- 能够实际计算交强险保费

任务内容

- 交强险的概念及特点
- 交强险的理赔原则
- 交强险保费的计算公式

续表

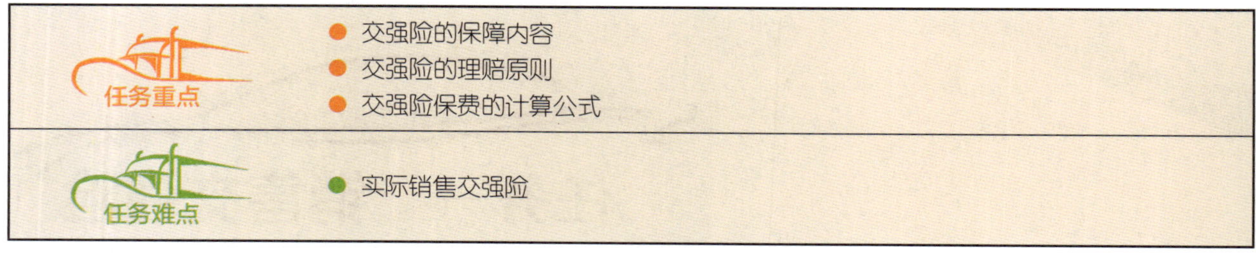

一、知识讲解

1. 交强险的概念

2006 年 3 月 21 日，国务院发布了《机动车交通事故责任强制保险条例》，自当年 7 月 1 日起施行。机动车交通事故责任强制保险（简称交强险）制度是我国首个由国家法规规定实行的强制保险制度。根据原中国保险监督管理委员会制定的《机动车交通事故责任强制保险费率浮动暂行办法》，2007 年 7 月 1 日起，在全国范围内统一实行交强险费率浮动与道路交通事故相联系的制度。

根据《机动车交通事故责任强制保险条例》的规定，在中华人民共和国境内道路上行驶的机动车的所有人或者管理人都应当投保交强险，机动车所有人、管理人未按照规定投保交强险的，公安机关交通管理部门有权扣留机动车，通知机动车所有人、管理人依照规定投保，并处应缴纳保险费的 2 倍罚款。

2. 交强险的保障

交强险是由保险公司对被保险机动车发生道路交通事故造成受害人（不包括本车人员和被保险人）的人身伤亡、财产损失，在责任限额内予以赔偿的强制性责任保险。

3. 交强险的特点

交强险的特点主要有法定性、强制性、广泛覆盖性和社会公益性。

4. 交强险的保险责任

2020 年 9 月开始推出的新商业险规定，针对有责情况、无责情况进行了额度上的调整，意外身故 / 伤残、意外医疗等都有明显的提高，具体见表 1–1。

表 1–1　交强险额度变化

交强险调整前后的变化			
有责情况		调整前额度	调整后额度
	意外身故 / 伤残	110 000 元	180 000 元
	意外医疗	10 000 元	18 000 元
	财产损失	2 000 元	2 000 元
无责情况		调整前额度	调整后额度
	死亡伤残	11 000 元	18 000 元
	意外医疗	1 000 元	1 800 元
	财产损失	100 元	100 元

5. 交强险保费计算公式

交强险保费 = 交强险基础保费 ×（1+ 与道路交通事故相联系的浮动费率）

2021 年，交强险无赔款优惠系数规定：针对 A、B、C、D、E 地区，面向于第一年、第二年、第三年不出交通事故的优惠系数进行了一定的调整。

不同的适用地区调整系数不相同，表 1–2 仅供参考。

表 1–2 交强险无赔款优惠系数

交强险无赔款优惠系数				
有责道路交通事故	适用地区	最近一年 0 起	最近两年 0 起	最近三年 0 起
A 区	青海、海南、西藏、内蒙古	–30%	–40%	–50%
B 区	山西、云南、广西	–25%	–35%	–45%
C 区	甘肃、吉林、山西、黑龙江、新疆	–20%	–30%	–40%
D 区	北京、天津、河北、宁夏	–15%	–25%	–35%
E 区	江苏、浙江、安徽、上海、湖南、湖北、江西、辽宁、河南、福建、重庆、山东、广东、深圳、厦门、四川、贵州、大连、青岛、宁波	–10%	–20%	–30%

二、任务准备

在下列图片中勾选出完成本任务所需的物品。

中华人民共和国 机动车行驶证	中华人民共和国 机动车驾驶证		
行驶证	驾驶证	身份证	交强险与道路交通事故相联系的浮动费率表
计算器	商业险保单	交强险保单	交强险基础保费表

三、任务分配（见表 1-3）

表 1-3　任务分配表

职务	代码	姓名	工作内容
组长	A		监督、管理组员工作
组员	B		准备实训资料
	C		
	D		领取所需物品
	E		

四、任务实施

（一）实施案例 1

各小组在组内进行汽车交强险的介绍，推荐同学为车辆购买汽车保险，并根据下方给出的客户资料计算保费。

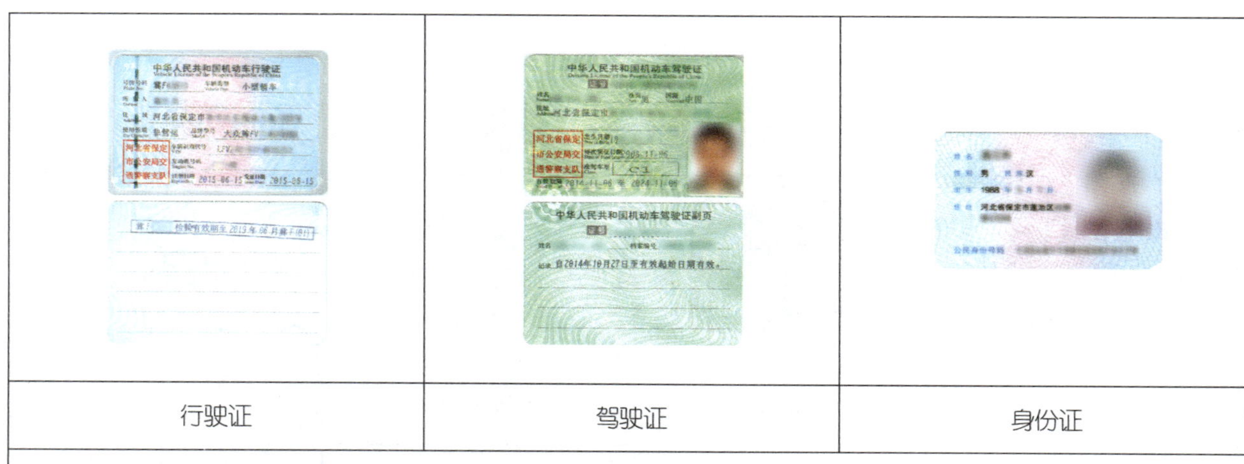

行驶证	驾驶证	身份证

该车辆在 2016 年保险周期内发生双方道路交通事故 1 次，在 2017 年保险周期内发生单方道路交通事故 1 次，计算 2018 年的保费。

交强险保费 =

（二）实施案例 2

各小组在组内进行汽车交强险的介绍，推荐同学为车辆购买汽车保险，并根据下方给出的客户资料计算保费。

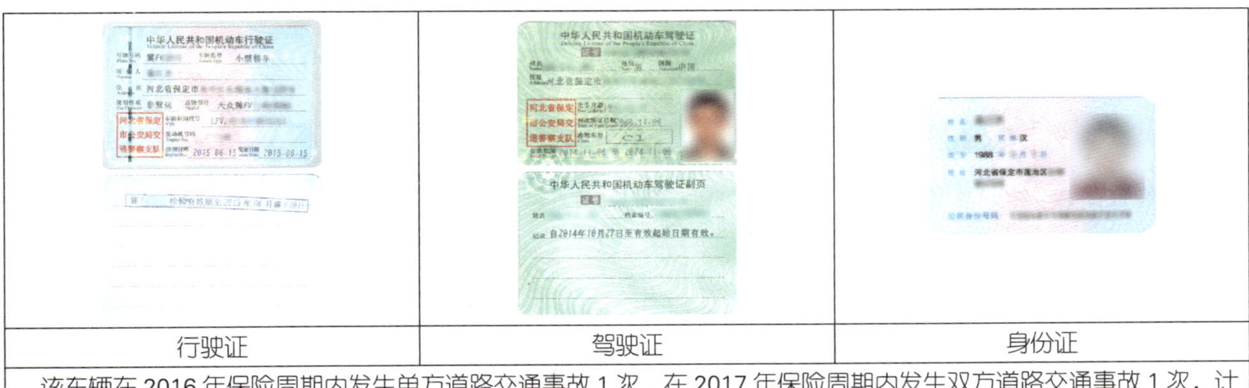

行驶证	驾驶证	身份证
该车辆在 2016 年保险周期内发生单方道路交通事故 1 次，在 2017 年保险周期内发生双方道路交通事故 1 次，计算 2018 年的保费。 交强险保费 =		

（三）实施案例 3

各小组在组内进行汽车交强险的介绍，推荐同学为车辆购买汽车保险，并根据下方给出的客户资料计算保费。

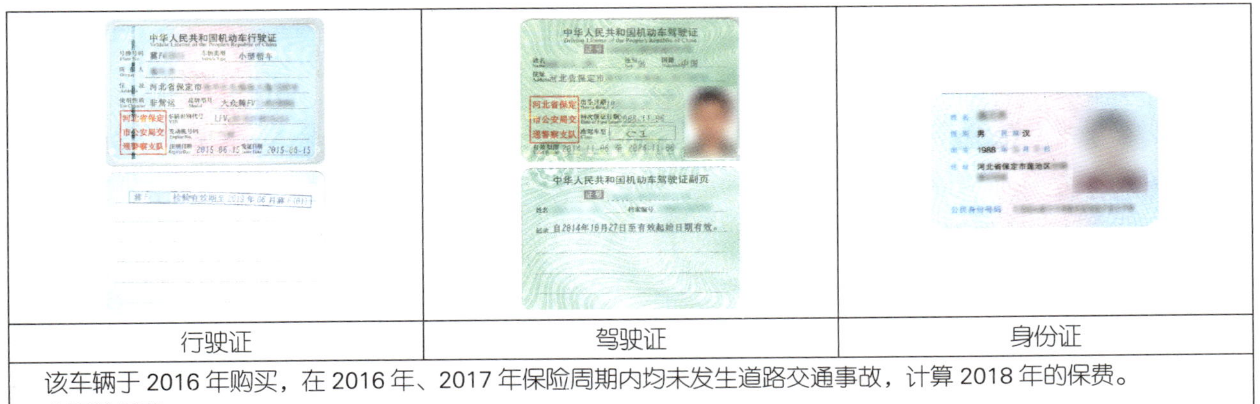

行驶证	驾驶证	身份证
该车辆于 2016 年购买，在 2016 年、2017 年保险周期内均未发生道路交通事故，计算 2018 年的保费。 交强险保费 =		

（四）实施案例 4

各小组在组内进行汽车交强险的介绍，推荐同学为车辆购买汽车保险，并根据下方给出的客户资料计算保费。

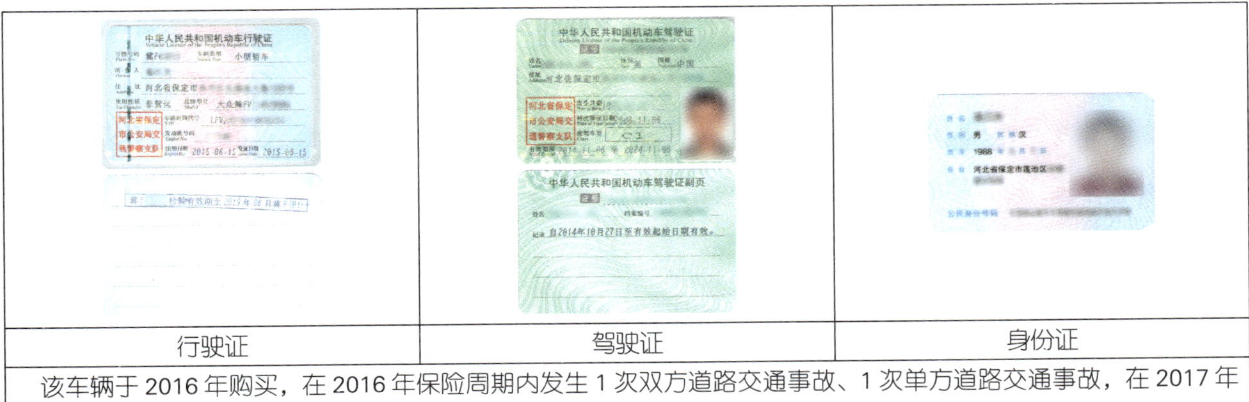

行驶证	驾驶证	身份证
该车辆于 2016 年购买，在 2016 年保险周期内发生 1 次双方道路交通事故、1 次单方道路交通事故，在 2017 年保险周期内未发生道路交通事故，计算 2018 年的保费。 交强险保费 =		

（五）实施案例 5

各小组在组内进行汽车交强险的介绍，推荐同学为车辆购买汽车保险，并根据下方给出的客户资料计算保费。

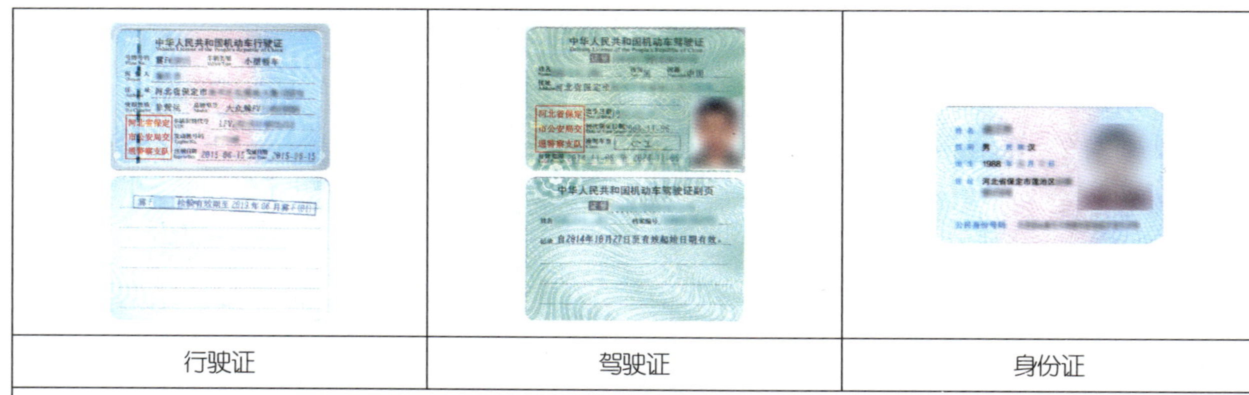

行驶证	驾驶证	身份证
该车辆于 2016 年购买，在 2016 年保险周期内发生 2 次单方道路交通事故，在 2017 年保险周期内发生 1 次单方道路交通事故，计算 2018 年的保费。 交强险保费 =		

五、检查

（一）自检

结合本组任务实施过程，对任务执行过程中的规范性进行检查，检查实施过程中是否存在以下问题，分析讨论应如何避免并总结规范的工作方法（见表 1–4）。

表 1–4　自检

检查项目	检查结果
交强险介绍是否正确	是 □　否 □
交强险基础保费计算是否正确	是 □　否 □
交强险购买金额是否正确	是 □　否 □

（二）互检

组与组之间相互进行任务实施过程及结果检查，并将检查结果填写在表 1–5 中。

表 1–5　互检

检查项目	检查结果
交强险介绍是否正确	是 □　否 □
交强险基础保费计算是否正确	是 □　否 □
交强险购买金额是否正确	是 □　否 □

六、课堂小结

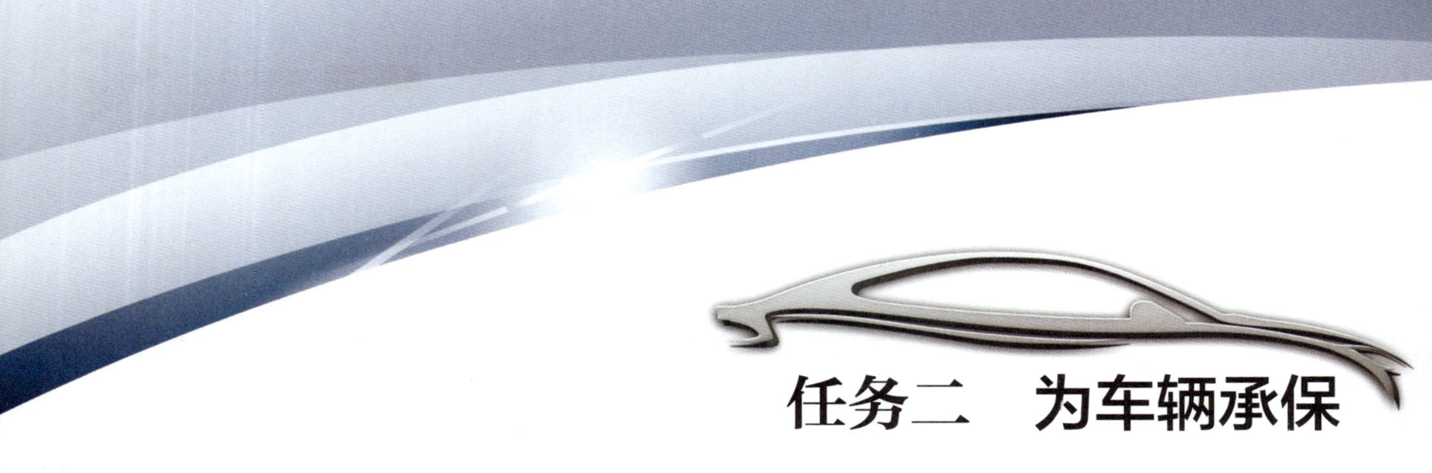

任务二　为车辆承保

<table>
<tr><td colspan="6">为车辆承保任务工单</td></tr>
<tr><td>客户信息</td><td>姓名</td><td colspan="2"></td><td>电话</td><td></td></tr>
<tr><td rowspan="2">车辆信息</td><td colspan="2">车型</td><td colspan="2">VIN 码</td><td>行驶里程</td></tr>
<tr><td colspan="2"></td><td colspan="2"></td><td></td></tr>
<tr><td>任务描述</td><td colspan="5">销售交强险 □　销售商业险主险 □　销售商业险附加险 □　制定投保方案 □
接听报案电话 □　现场查勘 □　记录事故现场 □　事故定损 □
理赔申请 □　赔款理算 □　承保 □
其他：</td></tr>
<tr><td colspan="3">车辆外观检查</td><td colspan="3">车辆内部检查</td></tr>
<tr><td>凹凸 □</td><td rowspan="4" colspan="2"></td><td>污渍 □</td><td rowspan="4" colspan="2"></td></tr>
<tr><td>划痕 □</td><td>破损 □</td></tr>
<tr><td>石击 □</td><td>色斑 □</td></tr>
<tr><td>油漆 □</td><td>变形 □</td></tr>
<tr><td>明确具体工作任务</td><td colspan="5"></td></tr>
</table>

任务目标

- 能够为客户办理购买汽车保险的相关事宜
- 能够对承保车辆进行审核
- 能够填写简易投保单

任务内容

- 掌握承保工作的流程
- 对承保车辆及内容进行审核
- 填写简易投保单

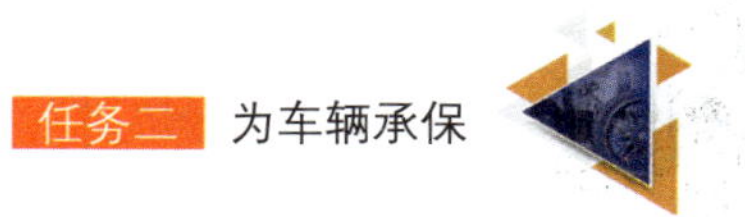

续表

- 对承保车辆进行审核
- 填写简易投保单

- 为车辆进行投保

一、知识讲解

1. 承保

车辆保险承保流程见表 2-1。

表 2-1 车辆保险承保流程

序号	流程	具体操作步骤
1	展业	销售人员进行保险宣传、保险销售，为投保人制定投保方案
2	投保人投保	投保人确定投保方案，填写投保单，进行投保审核
3	保险公司核保	保险公司确定是否承保以及承保条件，核定保险费率等
4	缮制及签单	保险人缮制保险单证，收取保险费并签发保险单证
5	批改	在保险单签发之后，进行保险合同的变更时，投保人通知保险公司进行批改
6	续保	保险期满以后，在同一保险人处重新办理汽车保险

2. 保险公司核保

（1）保险公司核保的流程

保险公司核保的流程是审核投保单→查证验车→核定保险费率→计算保费→复核。

（2）投保人填写投保单

投保单是投保人向保险人申请订立保险合同的书面要约。填写投保单时需要注意：①用钢笔或签字笔填写；②由客户亲自填写或签字确认；③应如实填写各项内容；④应详细填写各项内容，不得有空项。

（3）保险公司查证验车

保险公司查证时需要检查行驶证（新购车需要购车发票）和身份证等。

保险公司验车所需检验的内容包括：检查车辆是否存在或有无损伤；检查车辆的牌照、车型、发动机号、车架号、车身颜色是否与行驶证一致；检查车辆有无改装、加装等情况，是否会影响车辆的使用安全。

二、任务准备

在下列图片中勾选出完成本任务所需的物品。

行驶证	驾驶证	身份证	交强险保单
商业险保单	交强险基础保费表	交强险与道路交通事故相联系的浮动费率表	简易投保单
教学用车		计算器	

三、任务分配（见表 2-2）

表 2-2　任务分配表

职务	代码	姓名	工作内容
组长	A		监督、管理组员工作
组员	B		准备实训资料
	C		
	D		领取所需物品
	E		

四、任务实施

（一）实施案例 1

行驶证	驾驶证	身份证
该车辆为新购车，请为客户介绍汽车交强险，计算保费，并填写简易投保单。		

简易投保单

行驶证注册日期			上年投保公司		
上年保险单号			到期时间		
投保人 / 被保险人					
身份证号			组织机构代码证		
联系人姓名			联系电话		
联系地址				邮政编码	
投保种类	□ 交通事故责任强制保险 □ 商业险	交强险承保公司		交强险保险单号	
车辆类型		车牌号码		购置时间	

商业险险种	投保险种	保险金额 / 赔偿金额（万元）	保费（元）
	□ 车辆损失险		
	□ 第三者责任险	□ 5 □ 10 □ 20	
	□ 车上人员责任险		
	□ 附加绝对免赔率特约条款		
	□ 附加车轮单独损失险		
	□ 附加新增加设备损失险		
	□ 附加车身划痕损失险		
	□ 附加修理期间费用补偿险		
	□ 附加发动机进水损坏除外特约条款		
	□ 附加车上货物责任险		
	□ 附加精神损害抚慰金责任险		
	□ 附加法定节假日限额翻倍责任险		
	□ 附加医保外医疗费用责任险		
	□ 附加机动车增值服务特约条款		

（二）实施案例 2

行驶证	驾驶证	身份证

该车辆于 2016 年购买，在 2016 年保险周期内未出现道路交通事故，在 2017 年保险周期内发生 2 次双方道路交通事故，请为客户介绍汽车交强险，计算 2018 年的保费，并填写简易投保单。

简易投保单

<table>
<tr><td>行驶证注册日期</td><td colspan="2"></td><td colspan="2">上年投保公司</td><td colspan="2"></td></tr>
<tr><td>上年保险单号</td><td colspan="2"></td><td colspan="2">到期时间</td><td colspan="2"></td></tr>
<tr><td>投保人 /
被保险人</td><td colspan="6"></td></tr>
<tr><td>身份证号</td><td colspan="2"></td><td colspan="2">组织机构代码证</td><td colspan="2"></td></tr>
<tr><td>联系人姓名</td><td colspan="2"></td><td colspan="2">联系电话</td><td colspan="2"></td></tr>
<tr><td>联系地址</td><td colspan="4"></td><td>邮政编码</td><td></td></tr>
<tr><td>投保种类</td><td>☐ 交通事故责任强制保险
☐ 商业险</td><td>交强险
承保公司</td><td colspan="2"></td><td>交强险
保险单号</td><td></td></tr>
<tr><td>车辆类型</td><td></td><td>车牌号码</td><td colspan="2"></td><td>购置时间</td><td></td></tr>
<tr><td rowspan="15">商业险险种</td><td colspan="2">投保险种</td><td colspan="3">保险金额 / 赔偿金额（万元）</td><td>保费（元）</td></tr>
<tr><td colspan="2">☐ 车辆损失险</td><td colspan="3"></td><td></td></tr>
<tr><td colspan="2">☐ 第三者责任险</td><td colspan="3">☐ 5　☐ 10　☐ 20</td><td></td></tr>
<tr><td colspan="2">☐ 车上人员责任险</td><td colspan="3"></td><td></td></tr>
<tr><td colspan="2">☐ 附加绝对免赔率特约条款</td><td colspan="3"></td><td></td></tr>
<tr><td colspan="2">☐ 附加车轮单独损失险</td><td colspan="3"></td><td></td></tr>
<tr><td colspan="2">☐ 附加新增加设备损失险</td><td colspan="3"></td><td></td></tr>
<tr><td colspan="2">☐ 附加车身划痕损失险</td><td colspan="3"></td><td></td></tr>
<tr><td colspan="2">☐ 附加修理期间费用补偿险</td><td colspan="3"></td><td></td></tr>
<tr><td colspan="2">☐ 附加发动机进水损坏除外特约条款</td><td colspan="3"></td><td></td></tr>
<tr><td colspan="2">☐ 附加车上货物责任险</td><td colspan="3"></td><td></td></tr>
<tr><td colspan="2">☐ 附加精神损害抚慰金责任险</td><td colspan="3"></td><td></td></tr>
<tr><td colspan="2">☐ 附加法定节假日限额翻倍责任险</td><td colspan="3"></td><td></td></tr>
<tr><td colspan="2">☐ 附加医保外医疗费用责任险</td><td colspan="3"></td><td></td></tr>
<tr><td colspan="2">☐ 附加机动车增值服务特约条款</td><td colspan="3"></td><td></td></tr>
</table>

（三）实施案例 3

<table>
<tr><td></td><td></td><td></td></tr>
<tr><td>行驶证</td><td>驾驶证</td><td>身份证</td></tr>
<tr><td colspan="3">该车辆于 2015 年购买，在 2015 年保险周期内发生 1 次双方道路交通事故，在 2016 年、2017 年保险周期内均未发生道路交通事故，请为客户介绍汽车交强险，计算 2018 年的保费，并填写简易投保单。</td></tr>
</table>

简易投保单

<table>
<tr><td>行驶证注册日期</td><td colspan="3"></td><td>上年投保公司</td><td colspan="2"></td></tr>
<tr><td>上年保险单号</td><td colspan="3"></td><td>到期时间</td><td colspan="2"></td></tr>
<tr><td>投保人 /
被保险人</td><td colspan="6"></td></tr>
<tr><td>身份证号</td><td colspan="3"></td><td>组织机构代码证</td><td colspan="2"></td></tr>
<tr><td>联系人姓名</td><td colspan="3"></td><td>联系电话</td><td colspan="2"></td></tr>
<tr><td>联系地址</td><td colspan="4"></td><td>邮政编码</td><td></td></tr>
<tr><td>投保种类</td><td>☐ 交通事故责任强制保险
☐ 商业险</td><td>交强险
承保公司</td><td colspan="2"></td><td>交强险
保险单号</td><td></td></tr>
<tr><td>车辆类型</td><td></td><td>车牌号码</td><td colspan="2"></td><td>购置时间</td><td></td></tr>
<tr><td rowspan="15">商业险险种</td><td colspan="2">投保险种</td><td colspan="3">保险金额 / 赔偿金额（万元）</td><td>保费（元）</td></tr>
<tr><td colspan="2">☐ 车辆损失险</td><td colspan="3"></td><td></td></tr>
<tr><td colspan="2">☐ 第三者责任险</td><td colspan="3">☐ 5　☐ 10　☐ 20</td><td></td></tr>
<tr><td colspan="2">☐ 车上人员责任险</td><td colspan="3"></td><td></td></tr>
<tr><td colspan="2">☐ 附加绝对免赔率特约条款</td><td colspan="3"></td><td></td></tr>
<tr><td colspan="2">☐ 附加车轮单独损失险</td><td colspan="3"></td><td></td></tr>
<tr><td colspan="2">☐ 附加新增加设备损失险</td><td colspan="3"></td><td></td></tr>
<tr><td colspan="2">☐ 附加车身划痕损失险</td><td colspan="3"></td><td></td></tr>
<tr><td colspan="2">☐ 附加修理期间费用补偿险</td><td colspan="3"></td><td></td></tr>
<tr><td colspan="2">☐ 附加发动机进水损坏除外特约条款</td><td colspan="3"></td><td></td></tr>
<tr><td colspan="2">☐ 附加车上货物责任险</td><td colspan="3"></td><td></td></tr>
<tr><td colspan="2">☐ 附加精神损害抚慰金责任险</td><td colspan="3"></td><td></td></tr>
<tr><td colspan="2">☐ 附加法定节假日限额翻倍责任险</td><td colspan="3"></td><td></td></tr>
<tr><td colspan="2">☐ 附加医保外医疗费用责任险</td><td colspan="3"></td><td></td></tr>
<tr><td colspan="2">☐ 附加机动车增值服务特约条款</td><td colspan="3"></td><td></td></tr>
</table>

（四）实施案例 4

<table>
<tr><td></td><td></td><td></td></tr>
<tr><td>行驶证</td><td>驾驶证</td><td>身份证</td></tr>
<tr><td colspan="3">该车辆于 2014 年购买，在 2014 年、2015 年保险周期内均未发生道路交通事故，在 2016 年保险周期内发生 2 次单方道路交通事故，在 2017 年保险周期内发生 1 次双方道路交通事故，请为客户介绍汽车交强险，计算 2018 年的保费，并填写简易投保单。</td></tr>
</table>

简易投保单

<table>
<tr><td>行驶证注册日期</td><td colspan="2"></td><td>上年投保公司</td><td colspan="2"></td></tr>
<tr><td>上年保险单号</td><td colspan="2"></td><td>到期时间</td><td colspan="2"></td></tr>
<tr><td>投保人 /
被保险人</td><td colspan="5"></td></tr>
<tr><td>身份证号</td><td colspan="2"></td><td>组织机构代码证</td><td colspan="2"></td></tr>
<tr><td>联系人姓名</td><td colspan="2"></td><td>联系电话</td><td colspan="2"></td></tr>
<tr><td>联系地址</td><td colspan="3"></td><td>邮政编码</td><td></td></tr>
<tr><td>投保种类</td><td>□ 交通事故责任强制保险
□ 商业险</td><td>交强险
承保公司</td><td></td><td>交强险
保险单号</td><td></td></tr>
<tr><td>车辆类型</td><td></td><td>车牌号码</td><td></td><td>购置时间</td><td></td></tr>
<tr><td rowspan="15">商业险险种</td><td colspan="2">投保险种</td><td colspan="2">保险金额 / 赔偿金额（万元）</td><td>保费（元）</td></tr>
<tr><td colspan="2">□ 车辆损失险</td><td colspan="2"></td><td></td></tr>
<tr><td colspan="2">□ 第三者责任险</td><td colspan="2">□ 5　□ 10　□ 20</td><td></td></tr>
<tr><td colspan="2">□ 车上人员责任险</td><td colspan="2"></td><td></td></tr>
<tr><td colspan="2">□ 附加绝对免赔率特约条款</td><td colspan="2"></td><td></td></tr>
<tr><td colspan="2">□ 附加车轮单独损失险</td><td colspan="2"></td><td></td></tr>
<tr><td colspan="2">□ 附加新增加设备损失险</td><td colspan="2"></td><td></td></tr>
<tr><td colspan="2">□ 附加车身划痕损失险</td><td colspan="2"></td><td></td></tr>
<tr><td colspan="2">□ 附加修理期间费用补偿险</td><td colspan="2"></td><td></td></tr>
<tr><td colspan="2">□ 附加发动机进水损坏除外特约条款</td><td colspan="2"></td><td></td></tr>
<tr><td colspan="2">□ 附加车上货物责任险</td><td colspan="2"></td><td></td></tr>
<tr><td colspan="2">□ 附加精神损害抚慰金责任险</td><td colspan="2"></td><td></td></tr>
<tr><td colspan="2">□ 附加法定节假日限额翻倍责任险</td><td colspan="2"></td><td></td></tr>
<tr><td colspan="2">□ 附加医保外医疗费用责任险</td><td colspan="2"></td><td></td></tr>
<tr><td colspan="2">□ 附加机动车增值服务特约条款</td><td colspan="2"></td><td></td></tr>
</table>

（五）实施案例 5

<table>
<tr><td>行驶证</td><td>驾驶证</td><td>身份证</td></tr>
<tr><td colspan="3">该车辆于 2015 年购买，在 2015 年保险周期内发生 1 次单方道路交通事故，在 2016 年、2017 年保险周期内均未发生道路交通事故，请为客户介绍汽车交强险，计算 2018 年的保费，并填写简易投保单。</td></tr>
</table>

简易投保单

<table>
<tr><td>行驶证注册日期</td><td colspan="3"></td><td>上年投保公司</td><td></td></tr>
<tr><td>上年保险单号</td><td colspan="3"></td><td>到期时间</td><td></td></tr>
<tr><td>投保人 /
被保险人</td><td colspan="5"></td></tr>
<tr><td>身份证号</td><td colspan="3"></td><td>组织机构代码证</td><td></td></tr>
<tr><td>联系人姓名</td><td colspan="3"></td><td>联系电话</td><td></td></tr>
<tr><td>联系地址</td><td colspan="3"></td><td>邮政编码</td><td></td></tr>
<tr><td>投保种类</td><td>☐ 交通事故责任强制保险
☐ 商业险</td><td>交强险
承保公司</td><td></td><td>交强险
保险单号</td><td></td></tr>
<tr><td>车辆类型</td><td></td><td>车牌号码</td><td></td><td>购置时间</td><td></td></tr>
<tr><td rowspan="15">商业险险种</td><td colspan="2">投保险种</td><td colspan="2">保险金额 / 赔偿金额（万元）</td><td>保费（元）</td></tr>
<tr><td colspan="2">☐ 车辆损失险</td><td colspan="2"></td><td></td></tr>
<tr><td colspan="2">☐ 第三者责任险</td><td colspan="2">☐ 5 ☐ 10 ☐ 20</td><td></td></tr>
<tr><td colspan="2">☐ 车上人员责任险</td><td colspan="2"></td><td></td></tr>
<tr><td colspan="2">☐ 附加绝对免赔率特约条款</td><td colspan="2"></td><td></td></tr>
<tr><td colspan="2">☐ 附加车轮单独损失险</td><td colspan="2"></td><td></td></tr>
<tr><td colspan="2">☐ 附加新增加设备损失险</td><td colspan="2"></td><td></td></tr>
<tr><td colspan="2">☐ 附加车身划痕损失险</td><td colspan="2"></td><td></td></tr>
<tr><td colspan="2">☐ 附加修理期间费用补偿险</td><td colspan="2"></td><td></td></tr>
<tr><td colspan="2">☐ 附加发动机进水损坏除外特约条款</td><td colspan="2"></td><td></td></tr>
<tr><td colspan="2">☐ 附加车上货物责任险</td><td colspan="2"></td><td></td></tr>
<tr><td colspan="2">☐ 附加精神损害抚慰金责任险</td><td colspan="2"></td><td></td></tr>
<tr><td colspan="2">☐ 附加法定节假日限额翻倍责任险</td><td colspan="2"></td><td></td></tr>
<tr><td colspan="2">☐ 附加医保外医疗费用责任险</td><td colspan="2"></td><td></td></tr>
<tr><td colspan="2">☐ 附加机动车增值服务特约条款</td><td colspan="2"></td><td></td></tr>
</table>

五、检查

（一）自检

结合本组任务实施过程，对任务执行过程中的规范性进行检查，检查实施过程中是否存在以下问题，分析讨论应如何避免并总结规范的工作方法（见表 2–3）。

表 2–3　自检

检查项目	检查结果
是否按照正确的工作流程办理承保业务	是 □　否 □
在办理承保业务过程中所审查的内容是否正确、全面	是 □　否 □
简易投保单的填写是否正确	是 □　否 □

（二）互检

组与组之间相互进行任务实施过程及结果检查，并将检查结果填写在表 2–4 中。

表 2–4　互检

检查项目	检查结果
是否按照正确的工作流程办理承保业务	是 □　否 □
在办理承保业务过程中所审查的内容是否正确、全面	是 □　否 □
简易投保单的填写是否正确	是 □　否 □

六、课堂小结

任务三　销售商业险主险（一）

销售商业险主险（一）——机动车损失保险任务工单					
客户信息	姓名		电话		
车辆信息	车型		VIN 码		行驶里程
任务描述	销售交强险 □ 接听报案电话 □ 理赔申请 □ 其他：	销售商业险主险 □ 现场查勘 □ 赔款理算 □	记录事故现场 □ 承保 □ 销售商业险附加险 □	制定投保方案 □ 事故定损 □	

车辆外观检查		车辆内部检查	
凹凸 □		污渍 □	
划痕 □		破损 □	
石击 □		色斑 □	
油漆 □		变形 □	

明确具体工作任务	

任务目标

- 能够为客户讲解商业险的险种分类和内容
- 能够计算商业险主险各险种的购买金额
- 能够告知客户商业险各险种的赔偿原则和内容
- 能够实际为客户选择保险险种并签单

任务内容

- 商业险主险所包含的险种
- 商业险主险中各险种的保障内容
- 商业险主险中各险种的保障范围和赔付标准
- 商业险主险保费金额及计算公式
- 简易投保单的填写方法

续表

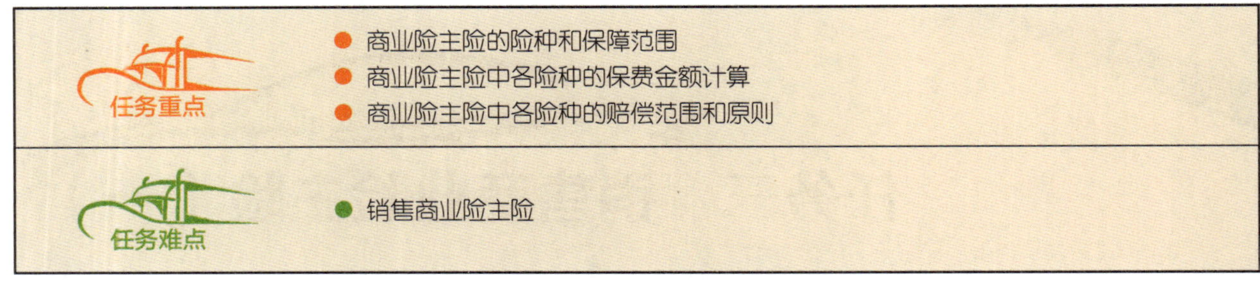

任务重点	● 商业险主险的险种和保障范围 ● 商业险主险中各险种的保费金额计算 ● 商业险主险中各险种的赔偿范围和原则
任务难点	● 销售商业险主险

一、知识讲解

1. 商业险保费金额浮动费率（见表 3-1）

表 3-1　商业保险费金额浮动费率

出险次数	保费折扣
出险 1 次	保费不打折
出险 2 次	保费上浮 25%
出险 3 次	保费上浮 50%
出险 4 次	保费上浮 75%
出险 5 次	保费翻倍
一年内无出险	保费下浮 15%
两年内无出险	保费下浮 30%
三年内无出险	保费下浮 40%

2. 商业险的分类

根据 2020 年 9 月 19 日公布的汽车保险新规内容，新的汽车保险险种见表 3-2。

表 3-2　汽车保险险种分类表

序号	保险分类	险种		
1	交强险	交强险		
2	商业险	主险	第三者责任险	
3			车上人员责任险	
4			车辆损失险	原车损险
				盗抢险
				不计免赔险
				自燃险
				涉水险
				玻璃险
				无法找到第三方特约险

续表

序号	保险分类	险种	
5	商业险	附加险	法定节假日限额翻倍责任险
6			医保外医疗费用责任险
7			车身划痕损失险
8			修理期间费用补偿险
9			车上货物责任险
10			绝对免赔率特约条款
11			发动机进水损坏除外特约条款
12			新增加设备损失险
13			机动车增值服务特约条款
14			车轮单独损失险
15			精神损害抚慰金责任险

3. 车辆损失险

车辆损失险是指保险车辆遭受保险责任范围内的自然灾害（不包括地震）或意外事故，造成保险车辆本身损失，保险人依据保险合同的规定给予被保险人赔偿。车辆损失险可以单独投保购买。

车辆损失险保费 = 基础保费 + 保险金额 × 费率

车辆损失险对于日常事故的赔偿处理方式：对于全车损失，在保险金额内计算赔偿，但不得超过保险事故发生时被保险机动车的实际价值；对于部分损失，在保险金额内按实际修理费用计算赔偿，但不得超过保险事故发生时被保险机动车的实际价值。

二、任务准备

在下列图片中勾选出完成本任务所需的物品。

中华人民共和国 机动车行驶证	中华人民共和国 机动车驾驶证		车辆损失险基本费率表
行驶证	驾驶证	身份证	车辆损失险基本费率表

交强险基础保费表	计算器	教学用车	简易投保单

三、任务分配（见表 3-3）

表 3-3 任务分配表

职务	代码	姓名	工作内容
组长	A		监督、管理组员工作
组员	B		准备实训资料
	C		
	D		领取所需物品
	E		

四、任务实施

（一）实施案例 1

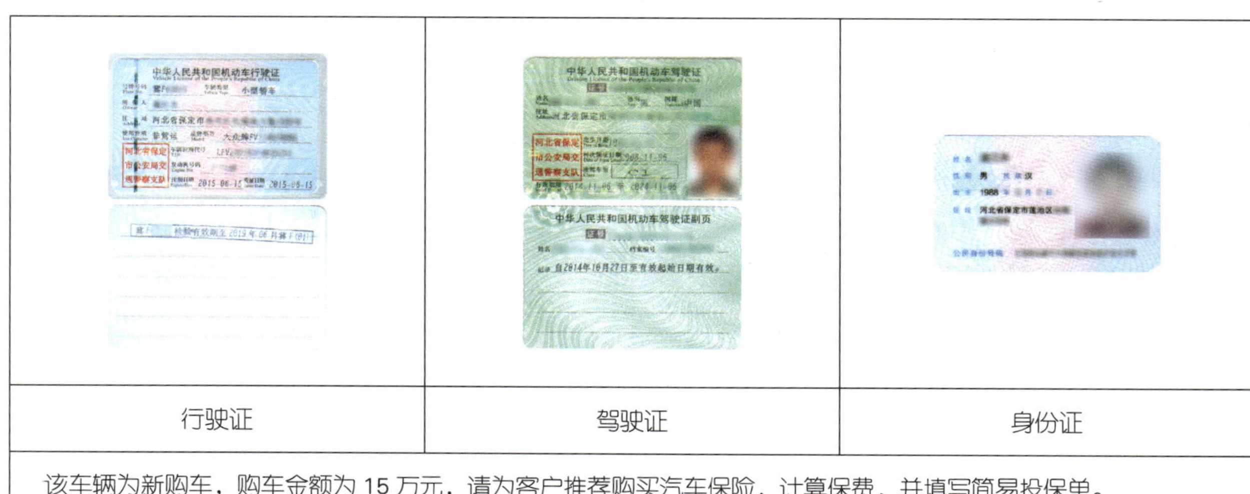

行驶证	驾驶证	身份证
该车辆为新购车，购车金额为 15 万元，请为客户推荐购买汽车保险，计算保费，并填写简易投保单。		

简易投保单

<table>
<tr><td>行驶证注册日期</td><td colspan="2"></td><td>上年投保公司</td><td colspan="2"></td></tr>
<tr><td>上年保险单号</td><td colspan="2"></td><td>到期时间</td><td colspan="2"></td></tr>
<tr><td>投保人 /
被保险人</td><td colspan="5"></td></tr>
<tr><td>身份证号</td><td colspan="2"></td><td>组织机构代码证</td><td colspan="2"></td></tr>
<tr><td>联系人姓名</td><td colspan="2"></td><td>联系电话</td><td colspan="2"></td></tr>
<tr><td>联系地址</td><td colspan="3"></td><td>邮政编码</td><td></td></tr>
<tr><td>投保种类</td><td>□ 交通事故责任强制保险
□ 商业险</td><td>交强险
承保公司</td><td></td><td>交强险
保险单号</td><td></td></tr>
<tr><td>车辆类型</td><td></td><td>车牌号码</td><td></td><td>购置时间</td><td></td></tr>
<tr><td rowspan="15">商业险险种</td><td colspan="2">投保险种</td><td colspan="2">保险金额 / 赔偿金额（万元）</td><td>保费（元）</td></tr>
<tr><td colspan="2">□ 车辆损失险</td><td colspan="2"></td><td></td></tr>
<tr><td colspan="2">□ 第三者责任险</td><td colspan="2">□ 5　□ 10　□ 20</td><td></td></tr>
<tr><td colspan="2">□ 车上人员责任险</td><td colspan="2"></td><td></td></tr>
<tr><td colspan="2">□ 附加绝对免赔率特约条款</td><td colspan="2"></td><td></td></tr>
<tr><td colspan="2">□ 附加车轮单独损失险</td><td colspan="2"></td><td></td></tr>
<tr><td colspan="2">□ 附加新增加设备损失险</td><td colspan="2"></td><td></td></tr>
<tr><td colspan="2">□ 附加车身划痕损失险</td><td colspan="2"></td><td></td></tr>
<tr><td colspan="2">□ 附加修理期间费用补偿险</td><td colspan="2"></td><td></td></tr>
<tr><td colspan="2">□ 附加发动机进水损坏除外特约条款</td><td colspan="2"></td><td></td></tr>
<tr><td colspan="2">□ 附加车上货物责任险</td><td colspan="2"></td><td></td></tr>
<tr><td colspan="2">□ 附加精神损害抚慰金责任险</td><td colspan="2"></td><td></td></tr>
<tr><td colspan="2">□ 附加法定节假日限额翻倍责任险</td><td colspan="2"></td><td></td></tr>
<tr><td colspan="2">□ 附加医保外医疗费用责任险</td><td colspan="2"></td><td></td></tr>
<tr><td colspan="2">□ 附加机动车增值服务特约条款</td><td colspan="2"></td><td></td></tr>
</table>

（二）实施案例 2

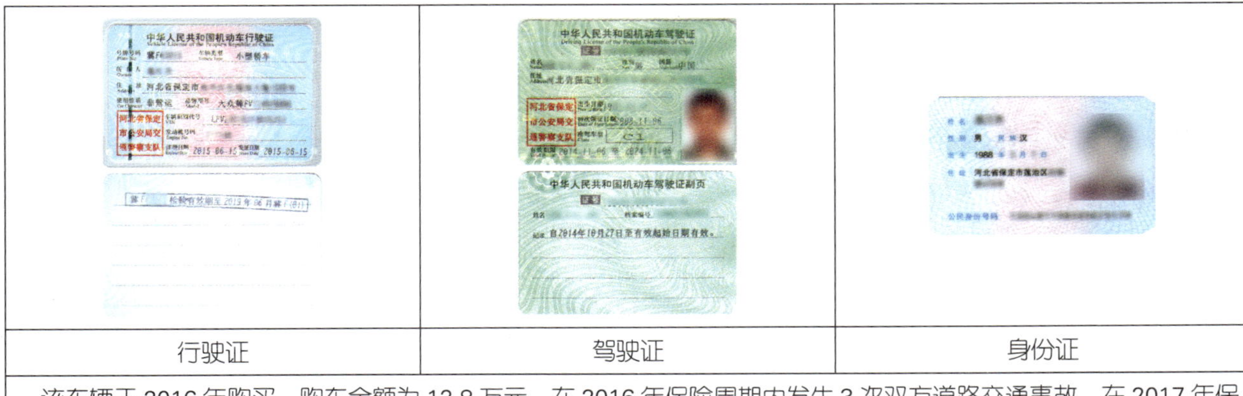

行驶证	驾驶证	身份证

该车辆于 2016 年购买，购车金额为 12.8 万元，在 2016 年保险周期内发生 3 次双方道路交通事故，在 2017 年保险周期内发生 2 次双方道路交通事故，请为客户推荐购买汽车保险，计算 2018 年的保费，并填写简易投保单。

简易投保单

<table>
<tr><td>行驶证注册日期</td><td colspan="2"></td><td>上年投保公司</td><td colspan="2"></td></tr>
<tr><td>上年保险单号</td><td colspan="2"></td><td>到期时间</td><td colspan="2"></td></tr>
<tr><td>投保人 /
被保险人</td><td colspan="5"></td></tr>
<tr><td>身份证号</td><td colspan="2"></td><td>组织机构代码证</td><td colspan="2"></td></tr>
<tr><td>联系人姓名</td><td colspan="2"></td><td>联系电话</td><td colspan="2"></td></tr>
<tr><td>联系地址</td><td colspan="3"></td><td>邮政编码</td><td></td></tr>
<tr><td>投保种类</td><td>☐ 交通事故责任强制保险
☐ 商业险</td><td>交强险
承保公司</td><td></td><td>交强险
保险单号</td><td></td></tr>
<tr><td>车辆类型</td><td></td><td>车牌号码</td><td></td><td>购置时间</td><td></td></tr>
<tr><td rowspan="15">商业险险种</td><td colspan="2">投保险种</td><td colspan="2">保险金额 / 赔偿金额（万元）</td><td>保费（元）</td></tr>
<tr><td colspan="2">☐ 车辆损失险</td><td colspan="2"></td><td></td></tr>
<tr><td colspan="2">☐ 第三者责任险</td><td colspan="2">☐ 5　☐ 10　☐ 20</td><td></td></tr>
<tr><td colspan="2">☐ 车上人员责任险</td><td colspan="2"></td><td></td></tr>
<tr><td colspan="2">☐ 附加绝对免赔率特约条款</td><td colspan="2"></td><td></td></tr>
<tr><td colspan="2">☐ 附加车轮单独损失险</td><td colspan="2"></td><td></td></tr>
<tr><td colspan="2">☐ 附加新增加设备损失险</td><td colspan="2"></td><td></td></tr>
<tr><td colspan="2">☐ 附加车身划痕损失险</td><td colspan="2"></td><td></td></tr>
<tr><td colspan="2">☐ 附加修理期间费用补偿险</td><td colspan="2"></td><td></td></tr>
<tr><td colspan="2">☐ 附加发动机进水损坏除外特约条款</td><td colspan="2"></td><td></td></tr>
<tr><td colspan="2">☐ 附加车上货物责任险</td><td colspan="2"></td><td></td></tr>
<tr><td colspan="2">☐ 附加精神损害抚慰金责任险</td><td colspan="2"></td><td></td></tr>
<tr><td colspan="2">☐ 附加法定节假日限额翻倍责任险</td><td colspan="2"></td><td></td></tr>
<tr><td colspan="2">☐ 附加医保外医疗费用责任险</td><td colspan="2"></td><td></td></tr>
<tr><td colspan="2">☐ 附加机动车增值服务特约条款</td><td colspan="2"></td><td></td></tr>
</table>

（三）实施案例 3

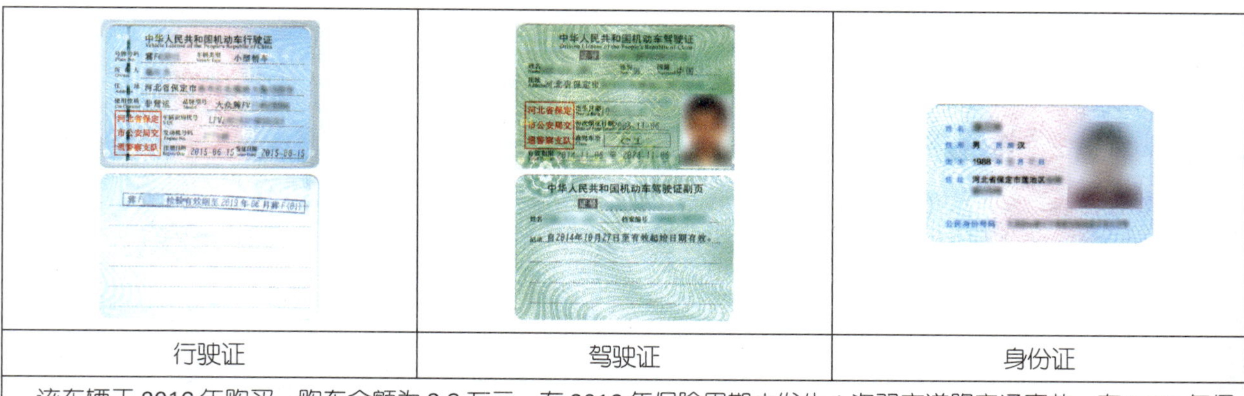

行驶证	驾驶证	身份证

该车辆于 2016 年购买，购车金额为 9.8 万元，在 2016 年保险周期内发生 1 次双方道路交通事故，在 2017 年保险周期内未发生道路交通事故，请为客户推荐购买汽车保险，计算 2018 年的保费，并填写简易投保单。

简易投保单

<table>
<tr><td>行驶证注册日期</td><td colspan="2"></td><td colspan="2">上年投保公司</td><td colspan="2"></td></tr>
<tr><td>上年保险单号</td><td colspan="2"></td><td colspan="2">到期时间</td><td colspan="2"></td></tr>
<tr><td>投保人 /
被保险人</td><td colspan="6"></td></tr>
<tr><td>身份证号</td><td colspan="2"></td><td colspan="2">组织机构代码证</td><td colspan="2"></td></tr>
<tr><td>联系人姓名</td><td colspan="2"></td><td colspan="2">联系电话</td><td colspan="2"></td></tr>
<tr><td>联系地址</td><td colspan="4"></td><td>邮政编码</td><td></td></tr>
<tr><td>投保种类</td><td>□ 交通事故责任强制保险
□ 商业险</td><td>交强险
承保公司</td><td colspan="2"></td><td>交强险
保险单号</td><td></td></tr>
<tr><td>车辆类型</td><td></td><td>车牌号码</td><td colspan="2"></td><td>购置时间</td><td></td></tr>
<tr><td rowspan="15">商业险险种</td><td colspan="2">投保险种</td><td colspan="3">保险金额 / 赔偿金额（万元）</td><td>保费（元）</td></tr>
<tr><td colspan="2">□ 车辆损失险</td><td colspan="3"></td><td></td></tr>
<tr><td colspan="2">□ 第三者责任险</td><td colspan="3">□ 5 □ 10 □ 20</td><td></td></tr>
<tr><td colspan="2">□ 车上人员责任险</td><td colspan="3"></td><td></td></tr>
<tr><td colspan="2">□ 附加绝对免赔率特约条款</td><td colspan="3"></td><td></td></tr>
<tr><td colspan="2">□ 附加车轮单独损失险</td><td colspan="3"></td><td></td></tr>
<tr><td colspan="2">□ 附加新增加设备损失险</td><td colspan="3"></td><td></td></tr>
<tr><td colspan="2">□ 附加车身划痕损失险</td><td colspan="3"></td><td></td></tr>
<tr><td colspan="2">□ 附加修理期间费用补偿险</td><td colspan="3"></td><td></td></tr>
<tr><td colspan="2">□ 附加发动机进水损坏除外特约条款</td><td colspan="3"></td><td></td></tr>
<tr><td colspan="2">□ 附加车上货物责任险</td><td colspan="3"></td><td></td></tr>
<tr><td colspan="2">□ 附加精神损害抚慰金责任险</td><td colspan="3"></td><td></td></tr>
<tr><td colspan="2">□ 附加法定节假日限额翻倍责任险</td><td colspan="3"></td><td></td></tr>
<tr><td colspan="2">□ 附加医保外医疗费用责任险</td><td colspan="3"></td><td></td></tr>
<tr><td colspan="2">□ 附加机动车增值服务特约条款</td><td colspan="3"></td><td></td></tr>
</table>

（四）实施案例 4

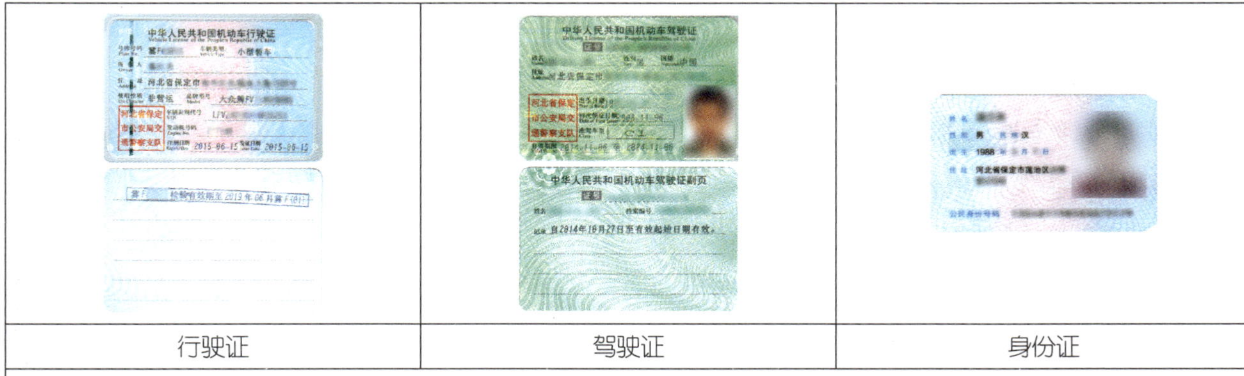

行驶证	驾驶证	身份证

该车辆于 2014 年购买，购车金额为 13.8 万元，在 2014 年保险周期内发生 2 次双方道路交通事故，在 2015 年、2016 年、2017 年保险周期内均未发生道路交通事故，请为客户推荐购买汽车保险，计算 2018 年的保费，并填写简易投保单。

简易投保单

<table>
<tr><td>行驶证注册日期</td><td colspan="2"></td><td>上年投保公司</td><td colspan="2"></td></tr>
<tr><td>上年保险单号</td><td colspan="2"></td><td>到期时间</td><td colspan="2"></td></tr>
<tr><td>投保人 /
被保险人</td><td colspan="5"></td></tr>
<tr><td>身份证号</td><td colspan="2"></td><td>组织机构代码证</td><td colspan="2"></td></tr>
<tr><td>联系人姓名</td><td colspan="2"></td><td>联系电话</td><td colspan="2"></td></tr>
<tr><td>联系地址</td><td colspan="3"></td><td>邮政编码</td><td></td></tr>
<tr><td>投保种类</td><td>□ 交通事故责任强制保险
□ 商业险</td><td>交强险
承保公司</td><td></td><td>交强险
保险单号</td><td></td></tr>
<tr><td>车辆类型</td><td></td><td>车牌号码</td><td></td><td>购置时间</td><td></td></tr>
<tr><td rowspan="15">商业险险种</td><td colspan="2">投保险种</td><td colspan="2">保险金额 / 赔偿金额（万元）</td><td>保费（元）</td></tr>
<tr><td colspan="2">□ 车辆损失险</td><td colspan="2"></td><td></td></tr>
<tr><td colspan="2">□ 第三者责任险</td><td colspan="2">□ 5　□ 10　□ 20</td><td></td></tr>
<tr><td colspan="2">□ 车上人员责任险</td><td colspan="2"></td><td></td></tr>
<tr><td colspan="2">□ 附加绝对免赔率特约条款</td><td colspan="2"></td><td></td></tr>
<tr><td colspan="2">□ 附加车轮单独损失险</td><td colspan="2"></td><td></td></tr>
<tr><td colspan="2">□ 附加新增加设备损失险</td><td colspan="2"></td><td></td></tr>
<tr><td colspan="2">□ 附加车身划痕损失险</td><td colspan="2"></td><td></td></tr>
<tr><td colspan="2">□ 附加修理期间费用补偿险</td><td colspan="2"></td><td></td></tr>
<tr><td colspan="2">□ 附加发动机进水损坏除外特约条款</td><td colspan="2"></td><td></td></tr>
<tr><td colspan="2">□ 附加车上货物责任险</td><td colspan="2"></td><td></td></tr>
<tr><td colspan="2">□ 附加精神损害抚慰金责任险</td><td colspan="2"></td><td></td></tr>
<tr><td colspan="2">□ 附加法定节假日限额翻倍责任险</td><td colspan="2"></td><td></td></tr>
<tr><td colspan="2">□ 附加医保外医疗费用责任险</td><td colspan="2"></td><td></td></tr>
<tr><td colspan="2">□ 附加机动车增值服务特约条款</td><td colspan="2"></td><td></td></tr>
</table>

五、检查

（一）自检

结合本组任务实施过程，对任务执行过程中的规范性进行检查，检查实施过程中是否存在以下问题，分析讨论应如何避免并总结规范的工作方法（见表 3–4）。

表 3–4　自检

检查项目	检查结果
商业险介绍是否正确	是 □　否 □
商业险保费计算是否正确	是 □　否 □
商业险销售签单流程是否正确、完整	是 □　否 □

（二）互检

组与组之间相互进行任务实施过程及结果检查，并将检查结果填写在表 3-5 中。

表 3-5 互检

检查项目	检查结果
商业险介绍是否正确	是☐ 否☐
商业险保费计算是否正确	是☐ 否☐
商业险销售签单流程是否正确、完整	是☐ 否☐

六、课堂小结

任务四　销售商业险主险（二）

<table>
<tr><th colspan="7">销售商业险主险（二）——第三者责任险与车上人员责任险任务工单</th></tr>
<tr><td>客户信息</td><td>姓名</td><td colspan="2"></td><td>电话</td><td colspan="2"></td></tr>
<tr><td rowspan="2">车辆信息</td><td colspan="2">车型</td><td colspan="2">VIN 码</td><td colspan="2">行驶里程</td></tr>
<tr><td colspan="2"></td><td colspan="2"></td><td colspan="2"></td></tr>
<tr><td>任务描述</td><td colspan="6">销售交强险 □　销售商业险主险 □　销售商业险附加险 □　制定投保方案 □
接听报案电话 □　现场查勘 □　记录事故现场 □　事故定损 □
理赔申请 □　赔款理算 □　承保 □
其他：</td></tr>
<tr><th colspan="3">车辆外观检查</th><th colspan="4">车辆内部检查</th></tr>
<tr><td>凹凸 □</td><td colspan="2" rowspan="4"></td><td>污渍 □</td><td colspan="3" rowspan="4"></td></tr>
<tr><td>划痕 □</td><td>破损 □</td></tr>
<tr><td>石击 □</td><td>色斑 □</td></tr>
<tr><td>油漆 □</td><td>变形 □</td></tr>
<tr><td>明确具体工作任务</td><td colspan="6"></td></tr>
<tr><td>任务目标</td><td colspan="6">● 能够为客户讲解商业险的险种分类和内容
● 能够计算商业险主险各险种的购买金额
● 能够告知客户商业险各险种的赔偿原则和内容
● 能够实际为客户选择保险险种并签单</td></tr>
<tr><td>任务内容</td><td colspan="6">● 商业险主险所包含的险种
● 商业险主险中各险种的保障内容
● 商业险主险中各险种的保障和赔付标准
● 商业险主险保费金额及计算公式
● 简易投保单的填写方法</td></tr>
</table>

续表

	● 商业险主险的险种和保障范围 ● 商业险主险中各险种的保费金额计算 ● 商业险主险中各险种的赔偿范围和原则
	● 销售商业险主险

一、知识讲解

1. 第三者责任险

第三者责任险是指被保险人或其允许的驾驶人在使用保险车辆过程中发生意外事故，致使第三者遭受人身伤亡或财产直接损毁，依法应当由被保险人承担的经济责任，由保险公司负责赔偿。

第三者责任险保险费 = 相应档次固定保险费

第三者责任险保险费见表 4–1。

表 4–1　第三者责任险保险费　　单位：元

车辆类型	5 万元	10 万元	15 万元	20 万元	30 万元	50 万元	100 万元
6 座以下	638	920	1 049	1 141	1 288	1 546	2 012
6 ~ 10 座	590	831	941	1 014	1 135	1 352	1 760
10 座以上	590	831	941	1 014	1 135	1 352	1 760

保险事故发生后，保险人按照国家有关法律法规规定的赔偿范围、项目和标准以及本保险合同的约定，在保险单载明的责任限额内核定赔偿金额。

2. 车上人员责任险

车上人员责任险是指保险车辆发生意外事故（非人为，具有不可预见和不可抗力的事件，造成人员伤亡或财产损失的突发事件），导致车上的驾驶人或乘客伤亡造成的费用损失，以及为减少损失而支付的必要且合理的施救、保护费用，由保险公司承担赔偿责任。

车上人员责任险保险金额由被保险人和保险公司协商确定，一般每个座位保额按 1 万 ~10 万元确定。驾驶人和乘客的投保人数一般不超过保险车辆行驶证的核定座位数。

驾驶人或乘客的车上人员责任险保费 = 每座位赔偿限额 × 投保座位数 × 费率

车上人员责任险费率见表 4–2。

表 4–2　车上人员责任险费率

车辆类型	驾驶人（%）	乘客（%）
6 座以下	0.42	0.27
6~10 座	0.4	0.26
10 座以上	0.4	0.26

车上人员责任险事故赔偿责任：驾驶人每次事故责任限额和乘客每次事故每人责任限额由投保人和保险人在投保时协商确定。投保乘客座位数按照被保险机动车的核定载客数（驾驶人座位除外）确定。

二、任务准备

在下列图片中勾选出完成本任务所需的物品。

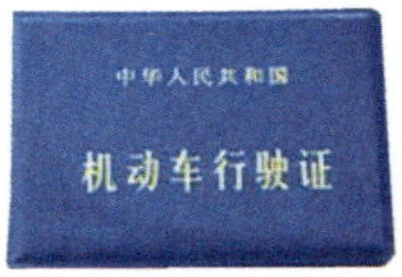	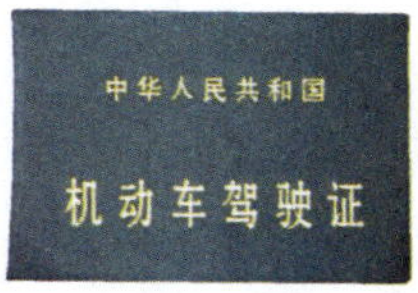	
行驶证	驾驶证	身份证
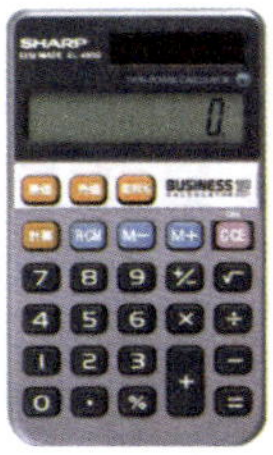	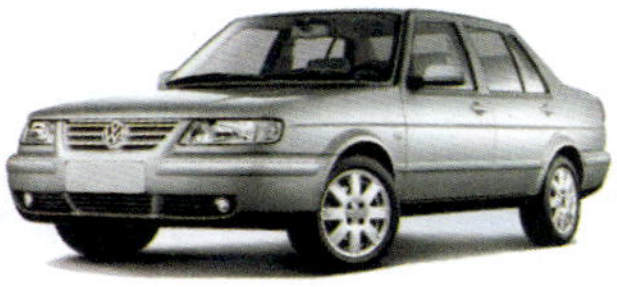	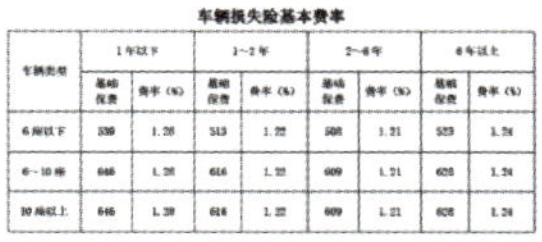
计算器	教学用车	车辆损失险基本费率表
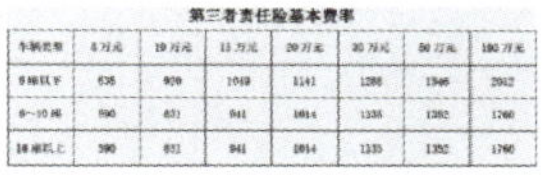	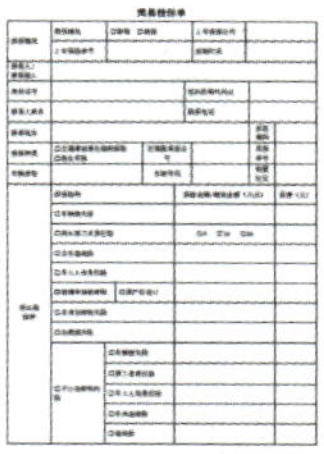	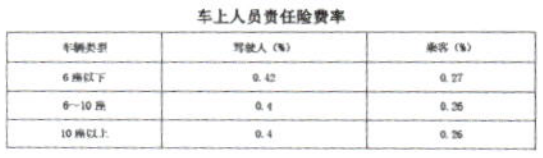
第三者责任险基本费率表	简易投保单	车上人员责任险基本费率表

三、任务分配（见表 4-3）

表 4-3　任务分配表

职务	代码	姓名	工作内容
组长	A		监督、管理组员工作
组员	B		准备实训资料
	C		
	D		领取所需物品
	E		

四、任务实施

（一）实施案例 1

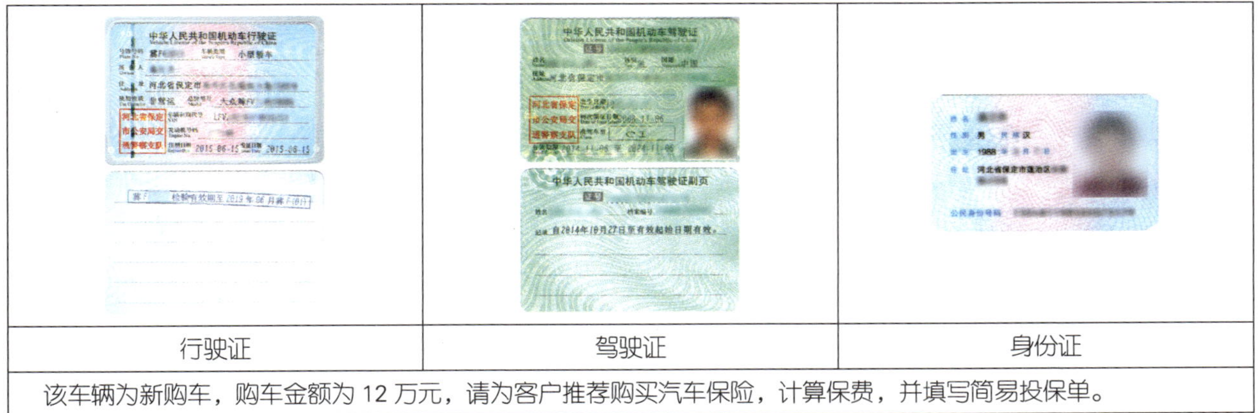

行驶证	驾驶证	身份证
该车辆为新购车，购车金额为 12 万元，请为客户推荐购买汽车保险，计算保费，并填写简易投保单。		

简易投保单

行驶证注册日期			上年投保公司		
上年保险单号			到期时间		
投保人 / 被保险人					
身份证号			组织机构代码证		
联系人姓名			联系电话		
联系地址				邮政编码	
投保种类	☐ 交通事故责任强制保险 ☐ 商业险	交强险承保公司		交强险保险单号	
车辆类型		车牌号码		购置时间	
商业险险种	投保险种		保险金额 / 赔偿金额（万元）		保费（元）
	☐ 车辆损失险				
	☐ 第三者责任险		☐ 5 ☐ 10 ☐ 20		
	☐ 车上人员责任险				
	☐ 附加绝对免赔率特约条款				
	☐ 附加车轮单独损失险				
	☐ 附加新增加设备损失险				
	☐ 附加车身划痕损失险				
	☐ 附加修理期间费用补偿险				
	☐ 附加发动机进水损坏除外特约条款				
	☐ 附加车上货物责任险				
	☐ 附加精神损害抚慰金责任险				
	☐ 附加法定节假日限额翻倍责任险				
	☐ 附加医保外医疗费用责任险				
	☐ 附加机动车增值服务特约条款				

（二）实施案例 2

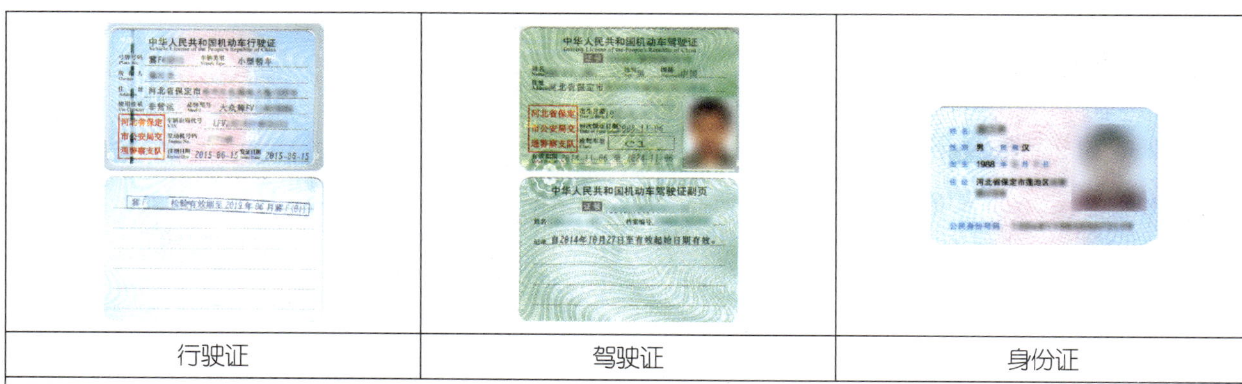

行驶证	驾驶证	身份证

该车辆于 2016 年购买，购车金额为 13.8 万元，在 2016 年保险周期内发生 2 次单方道路交通事故，在 2017 年保险周期内发生 3 次单方道路交通事故，请为客户推荐购买汽车保险，计算 2018 年的保费，并填写简易投保单。

简易投保单

行驶证注册日期			上年投保公司		
上年保险单号			到期时间		
投保人 / 被保险人					
身份证号			组织机构代码证		
联系人姓名			联系电话		
联系地址				邮政编码	
投保种类	□ 交通事故责任强制保险 □ 商业险	交强险承保公司		交强险保险单号	
车辆类型		车牌号码		购置时间	
商业险险种	投保险种	保险金额 / 赔偿金额（万元）			保费（元）
	□ 车辆损失险				
	□ 第三者责任险	□ 5 □ 10 □ 20			
	□ 车上人员责任险				
	□ 附加绝对免赔率特约条款				
	□ 附加车轮单独损失险				
	□ 附加新增加设备损失险				
	□ 附加车身划痕损失险				
	□ 附加修理期间费用补偿险				
	□ 附加发动机进水损坏除外特约条款				
	□ 附加车上货物责任险				
	□ 附加精神损害抚慰金责任险				
	□ 附加法定节假日限额翻倍责任险				
	□ 附加医保外医疗费用责任险				
	□ 附加机动车增值服务特约条款				

（三）实施案例 3

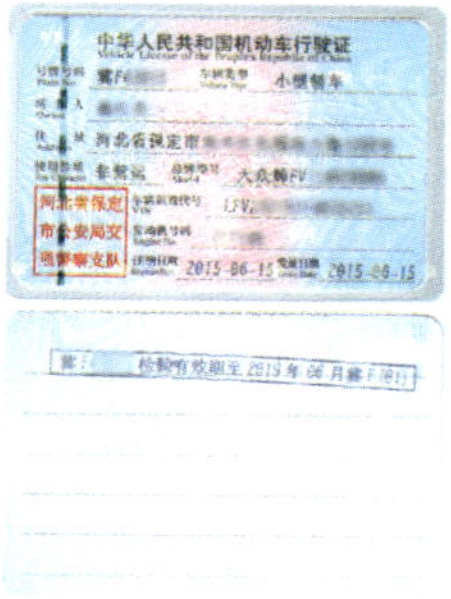

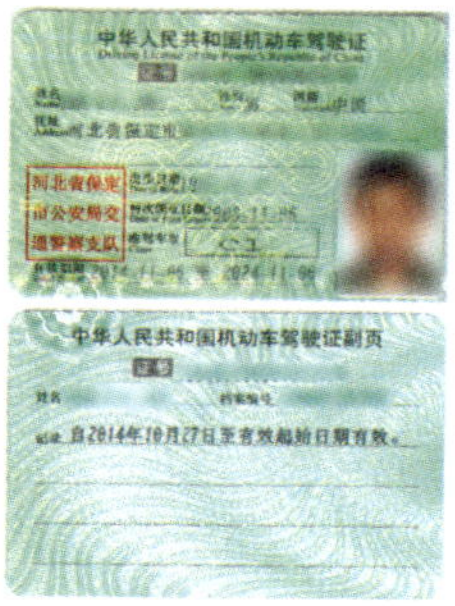

<table>
<tr><td>行驶证</td><td>驾驶证</td><td>身份证</td></tr>
<tr><td colspan="3">该车辆于 2014 年购买，购车金额为 11.8 万元，在 2014 年保险周期内发生 2 次双方道路交通事故，在 2015 年、2016 年、2017 年保险周期内均未发生道路交通事故，请为客户推荐购买汽车保险，计算 2018 年的保费，并填写简易投保单。</td></tr>
</table>

简易投保单

<table>
<tr><td>行驶证注册日期</td><td colspan="2"></td><td colspan="2">上年投保公司</td><td></td></tr>
<tr><td>上年保险单号</td><td colspan="2"></td><td colspan="2">到期时间</td><td></td></tr>
<tr><td>投保人 / 被保险人</td><td colspan="5"></td></tr>
<tr><td>身份证号</td><td colspan="2"></td><td colspan="2">组织机构代码证</td><td></td></tr>
<tr><td>联系人姓名</td><td colspan="2"></td><td colspan="2">联系电话</td><td></td></tr>
<tr><td>联系地址</td><td colspan="3"></td><td>邮政编码</td><td></td></tr>
<tr><td>投保种类</td><td>☐ 交通事故责任强制保险
☐ 商业险</td><td>交强险承保公司</td><td></td><td>交强险保险单号</td><td></td></tr>
<tr><td>车辆类型</td><td></td><td>车牌号码</td><td></td><td>购置时间</td><td></td></tr>
<tr><td rowspan="15">商业险险种</td><td colspan="2">投保险种</td><td colspan="2">保险金额 / 赔偿金额（万元）</td><td>保费（元）</td></tr>
<tr><td colspan="2">☐ 车辆损失险</td><td colspan="2"></td><td></td></tr>
<tr><td colspan="2">☐ 第三者责任险</td><td colspan="2">☐ 5　☐ 10　☐ 20</td><td></td></tr>
<tr><td colspan="2">☐ 车上人员责任险</td><td colspan="2"></td><td></td></tr>
<tr><td colspan="2">☐ 附加绝对免赔率特约条款</td><td colspan="2"></td><td></td></tr>
<tr><td colspan="2">☐ 附加车轮单独损失险</td><td colspan="2"></td><td></td></tr>
<tr><td colspan="2">☐ 附加新增加设备损失险</td><td colspan="2"></td><td></td></tr>
<tr><td colspan="2">☐ 附加车身划痕损失险</td><td colspan="2"></td><td></td></tr>
<tr><td colspan="2">☐ 附加修理期间费用补偿险</td><td colspan="2"></td><td></td></tr>
<tr><td colspan="2">☐ 附加发动机进水损坏除外特约条款</td><td colspan="2"></td><td></td></tr>
<tr><td colspan="2">☐ 附加车上货物责任险</td><td colspan="2"></td><td></td></tr>
<tr><td colspan="2">☐ 附加精神损害抚慰金责任险</td><td colspan="2"></td><td></td></tr>
<tr><td colspan="2">☐ 附加法定节假日限额翻倍责任险</td><td colspan="2"></td><td></td></tr>
<tr><td colspan="2">☐ 附加医保外医疗费用责任险</td><td colspan="2"></td><td></td></tr>
<tr><td colspan="2">☐ 附加机动车增值服务特约条款</td><td colspan="2"></td><td></td></tr>
</table>

（四）实施案例 4

<table>
<tr><td></td><td></td><td></td></tr>
<tr><td>行驶证</td><td>驾驶证</td><td>身份证</td></tr>
<tr><td colspan="3">该车辆于 2015 年购买，购车金额为 14.5 万元，在 2015 年保险周期内未发生道路交通事故，在 2016 年保险周期内发生 2 次双方道路交通事故，在 2017 年保险周期内发生 1 次双方道路交通事故，请为客户推荐购买汽车保险，计算 2018 年的保费，并填写简易投保单。</td></tr>
</table>

简易投保单

<table>
<tr><td>行驶证注册日期</td><td colspan="3"></td><td>上年投保公司</td><td></td></tr>
<tr><td>上年保险单号</td><td colspan="3"></td><td>到期时间</td><td></td></tr>
<tr><td>投保人 / 被保险人</td><td colspan="5"></td></tr>
<tr><td>身份证号</td><td colspan="3"></td><td>组织机构代码证</td><td></td></tr>
<tr><td>联系人姓名</td><td colspan="3"></td><td>联系电话</td><td></td></tr>
<tr><td>联系地址</td><td colspan="3"></td><td>邮政编码</td><td></td></tr>
<tr><td>投保种类</td><td>□ 交通事故责任强制保险
□ 商业险</td><td>交强险承保公司</td><td></td><td>交强险保险单号</td><td></td></tr>
<tr><td>车辆类型</td><td></td><td>车牌号码</td><td></td><td>购置时间</td><td></td></tr>
<tr><td rowspan="15">商业险险种</td><td colspan="2">投保险种</td><td colspan="2">保险金额 / 赔偿金额（万元）</td><td>保费（元）</td></tr>
<tr><td colspan="2">□ 车辆损失险</td><td colspan="2"></td><td></td></tr>
<tr><td colspan="2">□ 第三者责任险</td><td colspan="2">□ 5　□ 10　□ 20</td><td></td></tr>
<tr><td colspan="2">□ 车上人员责任险</td><td colspan="2"></td><td></td></tr>
<tr><td colspan="2">□ 附加绝对免赔率特约条款</td><td colspan="2"></td><td></td></tr>
<tr><td colspan="2">□ 附加车轮单独损失险</td><td colspan="2"></td><td></td></tr>
<tr><td colspan="2">□ 附加新增加设备损失险</td><td colspan="2"></td><td></td></tr>
<tr><td colspan="2">□ 附加车身划痕损失险</td><td colspan="2"></td><td></td></tr>
<tr><td colspan="2">□ 附加修理期间费用补偿险</td><td colspan="2"></td><td></td></tr>
<tr><td colspan="2">□ 附加发动机进水损坏除外特约条款</td><td colspan="2"></td><td></td></tr>
<tr><td colspan="2">□ 附加车上货物责任险</td><td colspan="2"></td><td></td></tr>
<tr><td colspan="2">□ 附加精神损害抚慰金责任险</td><td colspan="2"></td><td></td></tr>
<tr><td colspan="2">□ 附加法定节假日限额翻倍责任险</td><td colspan="2"></td><td></td></tr>
<tr><td colspan="2">□ 附加医保外医疗费用责任险</td><td colspan="2"></td><td></td></tr>
<tr><td colspan="2">□ 附加机动车增值服务特约条款</td><td colspan="2"></td><td></td></tr>
</table>

（五）实施案例 5

<table>
<tr><td></td><td></td><td></td></tr>
<tr><td>行驶证</td><td>驾驶证</td><td>身份证</td></tr>
<tr><td colspan="3">该车辆于 2017 年购买，购车金额为 14.5 万元，在 2017 年保险周期内发生 3 次单方道路交通事故，请为客户推荐购买汽车保险，计算 2018 年的保费，并填写简易投保单。</td></tr>
</table>

简易投保单

<table>
<tr><td>行驶证注册日期</td><td colspan="3"></td><td colspan="2">上年投保公司</td><td colspan="2"></td></tr>
<tr><td>上年保险单号</td><td colspan="3"></td><td colspan="2">到期时间</td><td colspan="2"></td></tr>
<tr><td>投保人 /
被保险人</td><td colspan="7"></td></tr>
<tr><td>身份证号</td><td colspan="3"></td><td colspan="2">组织机构代码证</td><td colspan="2"></td></tr>
<tr><td>联系人姓名</td><td colspan="3"></td><td colspan="2">联系电话</td><td colspan="2"></td></tr>
<tr><td>联系地址</td><td colspan="5"></td><td>邮政编码</td><td></td></tr>
<tr><td>投保种类</td><td>□ 交通事故责任强制保险
□ 商业险</td><td colspan="2">交强险
承保公司</td><td colspan="2"></td><td>交强险
保险单号</td><td></td></tr>
<tr><td>车辆类型</td><td></td><td colspan="2">车牌号码</td><td colspan="2"></td><td>购置时间</td><td></td></tr>
<tr><td rowspan="15">商业险险种</td><td colspan="2">投保险种</td><td colspan="4">保险金额 / 赔偿金额（万元）</td><td>保费（元）</td></tr>
<tr><td colspan="2">□ 车辆损失险</td><td colspan="4"></td><td></td></tr>
<tr><td colspan="2">□ 第三者责任险</td><td colspan="4">□ 5 □ 10 □ 20</td><td></td></tr>
<tr><td colspan="2">□ 车上人员责任险</td><td colspan="4"></td><td></td></tr>
<tr><td colspan="2">□ 附加绝对免赔率特约条款</td><td colspan="4"></td><td></td></tr>
<tr><td colspan="2">□ 附加车轮单独损失险</td><td colspan="4"></td><td></td></tr>
<tr><td colspan="2">□ 附加新增加设备损失险</td><td colspan="4"></td><td></td></tr>
<tr><td colspan="2">□ 附加车身划痕损失险</td><td colspan="4"></td><td></td></tr>
<tr><td colspan="2">□ 附加修理期间费用补偿险</td><td colspan="4"></td><td></td></tr>
<tr><td colspan="2">□ 附加发动机进水损坏除外特约条款</td><td colspan="4"></td><td></td></tr>
<tr><td colspan="2">□ 附加车上货物责任险</td><td colspan="4"></td><td></td></tr>
<tr><td colspan="2">□ 附加精神损害抚慰金责任险</td><td colspan="4"></td><td></td></tr>
<tr><td colspan="2">□ 附加法定节假日限额翻倍责任险</td><td colspan="4"></td><td></td></tr>
<tr><td colspan="2">□ 附加医保外医疗费用责任险</td><td colspan="4"></td><td></td></tr>
<tr><td colspan="2">□ 附加机动车增值服务特约条款</td><td colspan="4"></td><td></td></tr>
</table>

五、检查

（一）自检

结合本组任务实施过程，对任务执行过程中的规范性进行检查，检查实施过程中是否存在以下问题，分析讨论应如何避免并总结规范的工作方法（见表 4–4）。

表 4–4 自检

检查项目	检查结果
商业险介绍是否正确	是 □ 否 □
商业险保费计算是否正确	是 □ 否 □
商业险销售签单流程是否正确、完整	是 □ 否 □

（二）互检

组与组之间相互进行任务实施过程及结果检查，并将检查结果填写在表 4–5 中。

表 4–5 互检

检查项目	检查结果
商业险介绍是否正确	是 □ 否 □
商业险保费计算是否正确	是 □ 否 □
商业险销售签单流程是否正确、完整	是 □ 否 □

六、课堂小结

任务五　销售商业险附加险

销售商业险附加险任务工单					
客户信息	姓名		电话		
车辆信息	车型		VIN 码		行驶里程
任务描述	销售交强险 □ 销售商业险主险 □ 销售商业险附加险 □ 制定投保方案 □ 接听报案电话 □ 现场查勘 □ 记录事故现场 □ 事故定损 □ 理赔申请 □ 赔款理算 □ 承保 □ 其他：				
车辆外观检查			车辆内部检查		
凹凸 □			污渍 □		
划痕 □			破损 □		
石击 □			色斑 □		
油漆 □			变形 □		
明确具体工作任务					

任务目标

- 能够为客户讲解商业险附加险的内容
- 能够计算各附加险险种购买的保险费用
- 能够使客户了解各附加险险种的理赔处理原则
- 能够实际为客户选择附加险保险险种并签单

任务内容

- 商业险附加险的险种
- 各种附加险种的保障内容和理赔原则
- 各种附加险种的购买原则和保费计算方法

续表

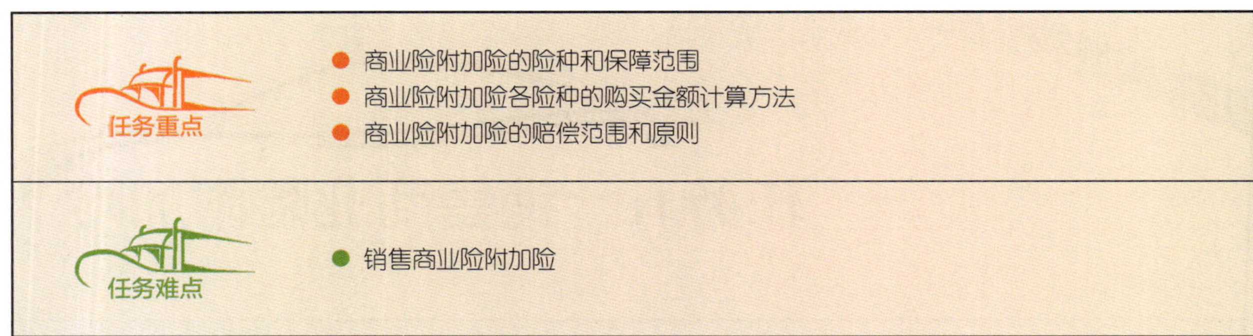

一、知识讲解

附加险条款的法律效力优于主险条款。附加险条款未尽事宜，以主险条款为准。除附加险条款另有约定外，主险中的责任免除、双方义务同样适用于附加险。主险保险责任终止的，其相应的附加险保险责任同时终止。

附加险险种包括附加绝对免赔率特约条款、附加车轮单独损失险、附加新增加设备损失险、附加车身划痕损失险、附加修理期间费用补偿险、附加发动机进水损坏除外特约条款、附加车上货物责任险、附加精神损害抚慰金责任险、附加法定节假日限额翻倍责任险、附加医保外医疗费用责任险、附加机动车增值服务特约条款。以下介绍常见的几种。

1. 绝对免赔率特约条款

被保险机动车发生主险约定的保险事故，保险人按照主险的约定计算赔偿后，扣减本特约条款约定的免赔。即：

主险实际赔款 = 按主险约定计算的赔款 ×（1– 绝对免赔率）

绝对免赔率为 5%、10%、15%、20%，由投保人和保险人在投保时协商确定，具体以保险单载明为准。

2. 车轮单独损失险

（1）投保条件

投保了车辆损失险的机动车，可投保本附加险。

（2）保险责任

保险期间内，被保险人或保险机动车驾驶人在使用被保险机动车过程中，因自然灾害、意外事故导致被保险机动车未发生其他部位的损失，仅有车轮（含轮胎、轮毂、轮毂罩）单独的直接损失，且不属于免除保险人责任的范围，保险人依照本附加险合同的约定负责赔偿。

（3）责任免除

车轮（含轮胎、轮毂、轮毂罩）的自然磨损、腐蚀、故障、本身质量缺陷；未发生全车盗抢，仅车轮单独丢失。

（4）赔偿处理

发生保险事故后，保险人依据本条款约定在保险责任范围内承担赔偿责任；赔偿方式由保险人与被保险人协商确定。

赔偿 = 实际维修费用 – 被保险人已从第三方获得的赔偿金额

在保险期间内，累计赔偿金额达到保险金额，本附加保险责任终止。

3. 法定节假日限额翻倍险

（1）投保条件

投保了第三者责任险的家庭自用汽车，可投保本附加险。

（2）保险责任

保险期间内，被保险人或其允许的驾驶人在法定节假日期间使用被保险机动车发生机动车第三责任保险范围内的事故，并经公安部门或保险人查勘确认的，被保险机动车第三者责任险所适用的责任限额在保险单载明的基础上增加一倍。

4. 车身划痕损失险

（1）车身划痕损失险通常适用于人为的划痕，例如，车辆停放在小区时，被人用锐器将车身油漆划坏，这种情况下如果购买了该险种就能得到理赔。车辆在行驶过程中因意外事故造成的划痕则属于车辆损失险的赔付范围。

（2）车身划痕损失险保费根据保额不同而有浮动（见表 5–1）。

表 5–1 车身划痕损失险保费

车龄	保费（元） 新车购置价 / 保额（元）	30 万元以下	30 万～50 万元	50 万元以上
2 年及以下	2 000	400	585	850
	5 000	570	900	1 100
	10 000	760	1 170	1 500
	20 000	1 140	1 780	2 250
2 年以上	2 000	610	900	1 100
	5 000	850	1 350	1 500
	10 000	1 300	1 800	2 000
	20 000	1 900	2 600	3 000

（3）车身划痕险的赔偿处理措施。在保险金额内按实际修理费用计算赔偿。每次赔偿实行 15% 的免赔率。在保险期间内，累计赔款金额达到保险金额，本附加险保险责任终止。

二、任务准备

在下列图片中勾选出完成本任务所需的物品。

行驶证	驾驶证	身份证	计算器
教学用车	车身划痕损失险基本费率表	绝对免赔率特约条款基本费率表	简易投保单
法定节假日限额翻倍险保费表		车轮单独损失险基本费率表	

绝对免赔率特约条款基本费率表

适用险种	全部责任	主要责任	同等责任	次要责任
车辆损失险	20%	15%	10%	5%
第三者责任险	20%	15%	10%	5%

法定节假日限额翻倍险保费表

第三者责任险保额	5 万元	10 万元	20 万元	30 万元	50 万元	100 万元
保费	15 元	20 元	30 元	50 元	70 元	100 元

车轮单独损失险基本费率表

年限	1 年以内	1～2 年	2～6 年	6 年以上
车辆损失险	20%	15%	10%	5%
第三者责任险	20%	15%	10%	5%

三、任务分配（见表 5-2）

表 5-2　任务分配表

职务	代码	姓名	工作内容
组长	A		监督、管理组员工作
组员	B		准备实训资料
	C		
	D		领取所需物品
	E		

四、任务实施

（一）实施案例 1

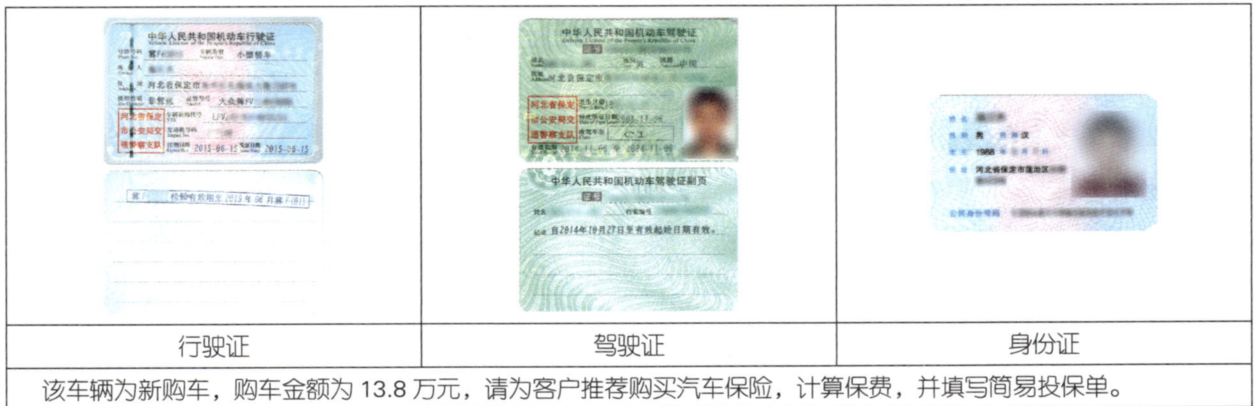

行驶证	驾驶证	身份证
该车辆为新购车，购车金额为 13.8 万元，请为客户推荐购买汽车保险，计算保费，并填写简易投保单。		

简易投保单

<table>
<tr><td>行驶证注册日期</td><td colspan="2"></td><td>上年投保公司</td><td colspan="2"></td></tr>
<tr><td>上年保险单号</td><td colspan="2"></td><td>到期时间</td><td colspan="2"></td></tr>
<tr><td>投保人 /
被保险人</td><td colspan="5"></td></tr>
<tr><td>身份证号</td><td colspan="2"></td><td>组织机构代码证</td><td colspan="2"></td></tr>
<tr><td>联系人姓名</td><td colspan="2"></td><td>联系电话</td><td colspan="2"></td></tr>
<tr><td>联系地址</td><td colspan="3"></td><td>邮政编码</td><td></td></tr>
<tr><td>投保种类</td><td>☐ 交通事故责任强制保险
☐ 商业险</td><td>交强险
承保公司</td><td></td><td>交强险
保险单号</td><td></td></tr>
<tr><td>车辆类型</td><td></td><td>车牌号码</td><td></td><td>购置时间</td><td></td></tr>
<tr><td rowspan="15">商业险险种</td><td colspan="2">投保险种</td><td colspan="2">保险金额 / 赔偿金额（万元）</td><td>保费（元）</td></tr>
<tr><td colspan="2">☐ 车辆损失险</td><td colspan="2"></td><td></td></tr>
<tr><td colspan="2">☐ 第三者责任险</td><td colspan="2">☐ 5 ☐ 10 ☐ 20</td><td></td></tr>
<tr><td colspan="2">☐ 车上人员责任险</td><td colspan="2"></td><td></td></tr>
<tr><td colspan="2">☐ 附加绝对免赔率特约条款</td><td colspan="2"></td><td></td></tr>
<tr><td colspan="2">☐ 附加车轮单独损失险</td><td colspan="2"></td><td></td></tr>
<tr><td colspan="2">☐ 附加新增加设备损失险</td><td colspan="2"></td><td></td></tr>
<tr><td colspan="2">☐ 附加车身划痕损失险</td><td colspan="2"></td><td></td></tr>
<tr><td colspan="2">☐ 附加修理期间费用补偿险</td><td colspan="2"></td><td></td></tr>
<tr><td colspan="2">☐ 附加发动机进水损坏除外特约条款</td><td colspan="2"></td><td></td></tr>
<tr><td colspan="2">☐ 附加车上货物责任险</td><td colspan="2"></td><td></td></tr>
<tr><td colspan="2">☐ 附加精神损害抚慰金责任险</td><td colspan="2"></td><td></td></tr>
<tr><td colspan="2">☐ 附加法定节假日限额翻倍责任险</td><td colspan="2"></td><td></td></tr>
<tr><td colspan="2">☐ 附加医保外医疗费用责任险</td><td colspan="2"></td><td></td></tr>
<tr><td colspan="2">☐ 附加机动车增值服务特约条款</td><td colspan="2"></td><td></td></tr>
</table>

（二）实施案例 2

<table>
<tr><td></td><td></td><td></td></tr>
<tr><td>行驶证</td><td>驾驶证</td><td>身份证</td></tr>
<tr><td colspan="3">该车辆于 2016 年购买，购车金额为 15 万元，在 2016 年保险周期内未发生道路交通事故，在 2017 年保险周期内发生 1 次单方道路交通事故，请为客户推荐购买汽车保险，计算 2018 年的保费，并填写简易投保单。</td></tr>
</table>

简易投保单

<table>
<tr><td>行驶证注册日期</td><td colspan="2"></td><td colspan="2">上年投保公司</td><td></td></tr>
<tr><td>上年保险单号</td><td colspan="2"></td><td colspan="2">到期时间</td><td></td></tr>
<tr><td>投保人 /
被保险人</td><td colspan="5"></td></tr>
<tr><td>身份证号</td><td colspan="2"></td><td colspan="2">组织机构代码证</td><td></td></tr>
<tr><td>联系人姓名</td><td colspan="2"></td><td colspan="2">联系电话</td><td></td></tr>
<tr><td>联系地址</td><td colspan="3"></td><td>邮政编码</td><td></td></tr>
<tr><td>投保种类</td><td>☐ 交通事故责任强制保险
☐ 商业险</td><td>交强险
承保公司</td><td></td><td>交强险
保险单号</td><td></td></tr>
<tr><td>车辆类型</td><td></td><td>车牌号码</td><td></td><td>购置时间</td><td></td></tr>
<tr><td rowspan="16">商业险险种</td><td colspan="2">投保险种</td><td colspan="2">保险金额 / 赔偿金额（万元）</td><td>保费（元）</td></tr>
<tr><td colspan="2">☐ 车辆损失险</td><td colspan="2"></td><td></td></tr>
<tr><td colspan="2">☐ 第三者责任险</td><td colspan="2">☐ 5　☐ 10　☐ 20</td><td></td></tr>
<tr><td colspan="2">☐ 车上人员责任险</td><td colspan="2"></td><td></td></tr>
<tr><td colspan="2">☐ 附加绝对免赔率特约条款</td><td colspan="2"></td><td></td></tr>
<tr><td colspan="2">☐ 附加车轮单独损失险</td><td colspan="2"></td><td></td></tr>
<tr><td colspan="2">☐ 附加新增加设备损失险</td><td colspan="2"></td><td></td></tr>
<tr><td colspan="2">☐ 附加车身划痕损失险</td><td colspan="2"></td><td></td></tr>
<tr><td colspan="2">☐ 附加修理期间费用补偿险</td><td colspan="2"></td><td></td></tr>
<tr><td colspan="2">☐ 附加发动机进水损坏除外特约条款</td><td colspan="2"></td><td></td></tr>
<tr><td colspan="2">☐ 附加车上货物责任险</td><td colspan="2"></td><td></td></tr>
<tr><td colspan="2">☐ 附加精神损害抚慰金责任险</td><td colspan="2"></td><td></td></tr>
<tr><td colspan="2">☐ 附加法定节假日限额翻倍责任险</td><td colspan="2"></td><td></td></tr>
<tr><td colspan="2">☐ 附加医保外医疗费用责任险</td><td colspan="2"></td><td></td></tr>
<tr><td colspan="2">☐ 附加机动车增值服务特约条款</td><td colspan="2"></td><td></td></tr>
</table>

（三）实施案例 3

<table>
<tr><td>行驶证</td><td>驾驶证</td><td>身份证</td></tr>
<tr><td colspan="3">该车辆于 2015 年购买，购车金额为 12.5 万元，在 2015 年保险周期内发生 2 次双方道路交通事故，在 2016 年保险周期内未发生道路交通事故，在 2017 年保险周期内发生 1 次单方道路交通事故，请为客户推荐购买汽车保险，计算 2018 年的保费，并填写简易投保单。</td></tr>
</table>

简易投保单

<table>
<tr><td>行驶证注册日期</td><td colspan="2"></td><td>上年投保公司</td><td colspan="2"></td></tr>
<tr><td>上年保险单号</td><td colspan="2"></td><td>到期时间</td><td colspan="2"></td></tr>
<tr><td>投保人 / 被保险人</td><td colspan="5"></td></tr>
<tr><td>身份证号</td><td colspan="2"></td><td>组织机构代码证</td><td colspan="2"></td></tr>
<tr><td>联系人姓名</td><td colspan="2"></td><td>联系电话</td><td colspan="2"></td></tr>
<tr><td>联系地址</td><td colspan="3"></td><td>邮政编码</td><td></td></tr>
<tr><td>投保种类</td><td>□ 交通事故责任强制保险
□ 商业险</td><td>交强险承保公司</td><td></td><td>交强险保险单号</td><td></td></tr>
<tr><td>车辆类型</td><td></td><td>车牌号码</td><td></td><td>购置时间</td><td></td></tr>
<tr><td rowspan="15">商业险险种</td><td>投保险种</td><td colspan="3">保险金额 / 赔偿金额（万元）</td><td>保费（元）</td></tr>
<tr><td>□ 车辆损失险</td><td colspan="3"></td><td></td></tr>
<tr><td>□ 第三者责任险</td><td colspan="3">□ 5 □ 10 □ 20</td><td></td></tr>
<tr><td>□ 车上人员责任险</td><td colspan="3"></td><td></td></tr>
<tr><td>□ 附加绝对免赔率特约条款</td><td colspan="3"></td><td></td></tr>
<tr><td>□ 附加车轮单独损失险</td><td colspan="3"></td><td></td></tr>
<tr><td>□ 附加新增加设备损失险</td><td colspan="3"></td><td></td></tr>
<tr><td>□ 附加车身划痕损失险</td><td colspan="3"></td><td></td></tr>
<tr><td>□ 附加修理期间费用补偿险</td><td colspan="3"></td><td></td></tr>
<tr><td>□ 附加发动机进水损坏除外特约条款</td><td colspan="3"></td><td></td></tr>
<tr><td>□ 附加车上货物责任险</td><td colspan="3"></td><td></td></tr>
<tr><td>□ 附加精神损害抚慰金责任险</td><td colspan="3"></td><td></td></tr>
<tr><td>□ 附加法定节假日限额翻倍责任险</td><td colspan="3"></td><td></td></tr>
<tr><td>□ 附加医保外医疗费用责任险</td><td colspan="3"></td><td></td></tr>
<tr><td>□ 附加机动车增值服务特约条款</td><td colspan="3"></td><td></td></tr>
</table>

（四）实施案例 4

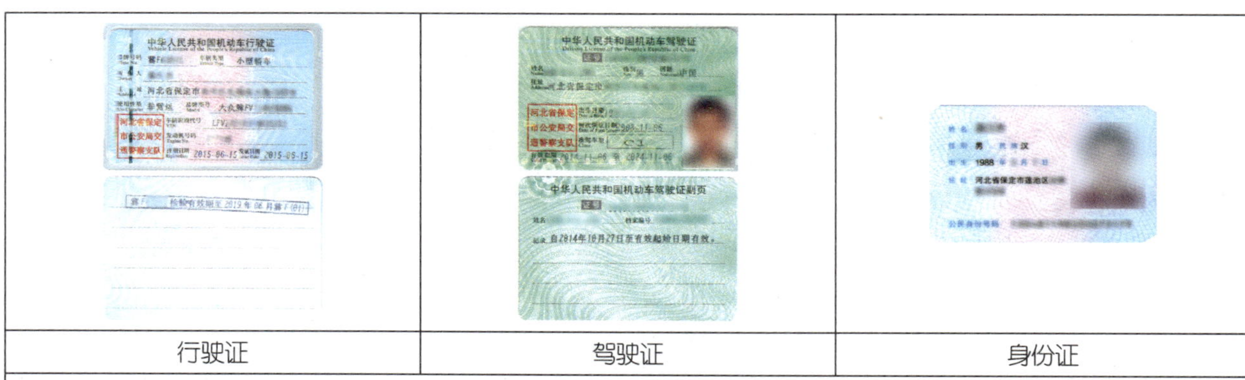

<table>
<tr><td>行驶证</td><td>驾驶证</td><td>身份证</td></tr>
<tr><td colspan="3">该车辆于 2014 年购买，购车金额为 10.8 万元，在 2014 年保险周期内发生 2 次双方道路交通事故，在 2015 年、2016 年保险周期内均未发生道路交通事故，在 2017 年保险周期内发生 2 次单方道路交通事故，请为客户推荐购买汽车保险，计算 2018 年的保费，并填写简易投保单。</td></tr>
</table>

简易投保单

<table>
<tr><td>行驶证注册日期</td><td colspan="3"></td><td>上年投保公司</td><td colspan="2"></td></tr>
<tr><td>上年保险单号</td><td colspan="3"></td><td>到期时间</td><td colspan="2"></td></tr>
<tr><td>投保人 /
被保险人</td><td colspan="6"></td></tr>
<tr><td>身份证号</td><td colspan="3"></td><td>组织机构代码证</td><td colspan="2"></td></tr>
<tr><td>联系人姓名</td><td colspan="3"></td><td>联系电话</td><td colspan="2"></td></tr>
<tr><td>联系地址</td><td colspan="4"></td><td>邮政编码</td><td></td></tr>
<tr><td>投保种类</td><td>☐ 交通事故责任强制保险
☐ 商业险</td><td>交强险
承保公司</td><td colspan="2"></td><td>交强险
保险单号</td><td></td></tr>
<tr><td>车辆类型</td><td></td><td>车牌号码</td><td colspan="2"></td><td>购置时间</td><td></td></tr>
<tr><td rowspan="15">商业险险种</td><td colspan="2">投保险种</td><td colspan="3">保险金额 / 赔偿金额（万元）</td><td>保费（元）</td></tr>
<tr><td colspan="2">☐ 车辆损失险</td><td colspan="3"></td><td></td></tr>
<tr><td colspan="2">☐ 第三者责任险</td><td colspan="3">☐ 5　☐ 10　☐ 20</td><td></td></tr>
<tr><td colspan="2">☐ 车上人员责任险</td><td colspan="3"></td><td></td></tr>
<tr><td colspan="2">☐ 附加绝对免赔率特约条款</td><td colspan="3"></td><td></td></tr>
<tr><td colspan="2">☐ 附加车轮单独损失险</td><td colspan="3"></td><td></td></tr>
<tr><td colspan="2">☐ 附加新增加设备损失险</td><td colspan="3"></td><td></td></tr>
<tr><td colspan="2">☐ 附加车身划痕损失险</td><td colspan="3"></td><td></td></tr>
<tr><td colspan="2">☐ 附加修理期间费用补偿险</td><td colspan="3"></td><td></td></tr>
<tr><td colspan="2">☐ 附加发动机进水损坏除外特约条款</td><td colspan="3"></td><td></td></tr>
<tr><td colspan="2">☐ 附加车上货物责任险</td><td colspan="3"></td><td></td></tr>
<tr><td colspan="2">☐ 附加精神损害抚慰金责任险</td><td colspan="3"></td><td></td></tr>
<tr><td colspan="2">☐ 附加法定节假日限额翻倍责任险</td><td colspan="3"></td><td></td></tr>
<tr><td colspan="2">☐ 附加医保外医疗费用责任险</td><td colspan="3"></td><td></td></tr>
<tr><td colspan="2">☐ 附加机动车增值服务特约条款</td><td colspan="3"></td><td></td></tr>
</table>

（五）实施案例 5

行驶证	驾驶证	身份证
该车辆于 2017 年购买，购车金额为 14.3 万元，在 2017 年保险周期内发生 1 次单方道路交通事故，2 次双方道路交通事故，请为客户推荐购买汽车保险，计算 2018 年的保费，并填写简易投保单。		

简易投保单

行驶证注册日期		上年投保公司			
上年保险单号		到期时间			
投保人 / 被保险人					
身份证号		组织机构代码证			
联系人姓名		联系电话			
联系地址				邮政编码	
投保种类	☐ 交通事故责任强制保险 ☐ 商业险	交强险承保公司		交强险保险单号	
车辆类型		车牌号码		购置时间	
商业险险种	投保险种	保险金额 / 赔偿金额（万元）			保费（元）
	☐ 车辆损失险				
	☐ 第三者责任险	☐ 5 ☐ 10 ☐ 20			
	☐ 车上人员责任险				
	☐ 附加绝对免赔率特约条款				
	☐ 附加车轮单独损失险				
	☐ 附加新增加设备损失险				
	☐ 附加车身划痕损失险				
	☐ 附加修理期间费用补偿险				
	☐ 附加发动机进水损坏除外特约条款				
	☐ 附加车上货物责任险				
	☐ 附加精神损害抚慰金责任险				
	☐ 附加法定节假日限额翻倍责任险				
	☐ 附加医保外医疗费用责任险				
	☐ 附加机动车增值服务特约条款				

五、检查

（一）自检

结合本组任务实施过程，对任务执行过程中的规范性进行检查，检查实施过程中是否存在以下问题，分析讨论应如何避免并总结规范的工作方法（见表 5-3）。

表 5-3　自检

检查项目	检查结果
商业险附加险介绍是否正确	是 □　否 □
商业保险保费金额计算是否正确	是 □　否 □
汽车保险险种推荐是否正确	是 □　否 □

（二）互检

组与组之间相互进行任务实施过程及结果检查，并将检查结果填写在表 5-4 中。

表 5-4　互检

检查项目	检查结果
商业险附加险介绍是否正确	是 □　否 □
商业保险保费金额计算是否正确	是 □　否 □
汽车保险险种推荐是否正确	是 □　否 □

六、课堂小结

____

____

____

任务六　制定投保方案

<table>
<tr><th colspan="8">制定投保方案任务工单</th></tr>
<tr><td>客户信息</td><td>姓名</td><td colspan="2"></td><td>电话</td><td colspan="3"></td></tr>
<tr><td rowspan="2">车辆信息</td><td colspan="2">车型</td><td colspan="3">VIN 码</td><td colspan="2">行驶里程</td></tr>
<tr><td colspan="2"></td><td colspan="3"></td><td colspan="2"></td></tr>
<tr><td>任务描述</td><td colspan="7">销售交强险 □　销售商业险主险 □　销售商业险附加险 □　制定投保方案 □
接听报案电话 □　现场查勘 □　记录事故现场 □　事故定损 □
理赔申请 □　赔款理算 □　承保 □
其他：</td></tr>
<tr><th colspan="4">车辆外观检查</th><th colspan="4">车辆内部检查</th></tr>
<tr><td>凹凸 □</td><td colspan="3" rowspan="4"></td><td>污渍 □</td><td colspan="3" rowspan="4"></td></tr>
<tr><td>划痕 □</td><td>破损 □</td></tr>
<tr><td>石击 □</td><td>色斑 □</td></tr>
<tr><td>油漆 □</td><td>变形 □</td></tr>
<tr><td>明确具体工作任务</td><td colspan="7"></td></tr>
</table>

任务目标

- 能够为客户选择适当的保险险种和组合方案
- 能够计算保险购买金额
- 能够促成保险销售并签单

任务内容

- 汽车保险险种的组合方案
- 计算保险购买金额
- 促成保险销售并签订简易投保单

续表

 任务重点	● 汽车保险险种的组合方案 ● 合理为客户选择险种组合方案
 任务难点	● 合理选择险种组合方案

一、知识讲解

1. 汽车保险购买的基本原则

（1）购买汽车保险的基本原则是交强险必须投保、不要重复投保、要足额投保、主险尽量保全、附加险按需投保。

（2）常见保险险种的组合方案包括最低保障方案、基本保障方案、经济保障方案、最佳保障方案、完全保障方案。

2. 保障方案

（1）最低保障方案

最低保障方案	险种组合	只投保交强险
	保障范围	只在交强险责任限额内对第三者的损失负赔偿责任
	适用对象	适用于急于取得牌照或通过年检的车主
	优点	费用较低，可以满足办理牌照或验车的基本要求
	缺点	一旦发生事故，对方的损失能得到保险公司的部分赔偿，但自己车辆的损失只能自己负担，对第三者的赔偿限额较低

（2）基本保障方案

基本保障方案	险种组合	交强险、车辆损失险、第三者责任险
	保障范围	只投保交强险、车辆损失险、第三者责任险，能为自己的车辆与他人的损失负赔偿责任，提供基本的保障
	适用对象	适用于有一定经济压力的车主
	优点	费用适中，所投险种为最具必要性的，性价比较高
	缺点	出现事故后无法得到全部赔偿，未购买绝对免赔率特约条款，不是最佳组合

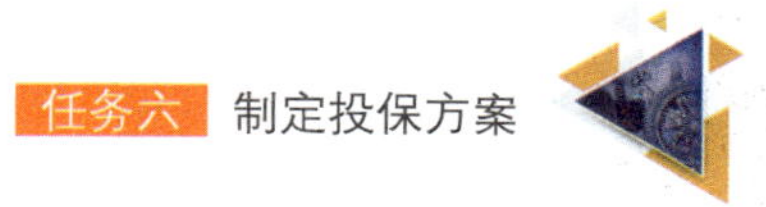

（3）经济保障方案

经济保障方案	险种组合	交强险、车辆损失险、第三者责任险、盗抢险、车上人员责任险、绝对免赔率特约条款
	保障范围	对于车上人员、自身车辆损失以及第三者损失给予保障
	适用对象	适用于车辆用了三四年、有一定驾龄的车主，是个人精打细算的最佳选择
	优点	投保最有价值的险种，保险性价比最高，对人们最关心的 100% 赔付车上人员安全等大风险问题都有保障，保费不高
	缺点	没有其他商业险附加险，保障不完善

（4）最佳保障方案

最佳保障方案	险种组合	交强险、车辆损失险、第三者责任险、车上人员责任险、车轮单独损失险、车身划痕损失险、绝对免赔率特约条款
	保障范围	在经济保障方案的基础上，加入车轮单独损失险和车身划痕损失险，使乘客及车辆易损部分得到安全保障
	适用对象	适用于经济较宽裕，需要比较全面的保障而乘客不固定的私家车主或单位
	优点	投保价值大的险种，不花冤枉钱，物有所值
	缺点	未投保某些出险概率较小的保险，存在一定风险

（5）完全保障方案

完全保障方案	险种组合	交强险、车辆损失险、第三者责任险、车上人员责任险、车轮单独损失险、绝对免赔率特约条款、车身划痕损失险、法定节假日限额翻倍责任险等
	保障范围	保全险，可保障几乎与汽车有关的全部事故损失，使车主不必担心交通状况所带来的种种风险
	适用对象	适用于经济实力较强的车主
	优点	几乎与汽车有关的全部事故损失都能得到赔偿。投保人不必为少投某一个险种而得不到赔偿，承担投保决策失误的损失
	缺点	保全险保费高，而某些险种出险的概率非常小

二、任务准备

在下列图片中勾选出完成本任务所需的物品。

交强险基础保费表	简易投保单	交强险与道路交通事故相联系的浮动费率表	第三者责任险基本费率表

车轮单独损失险基本费率表	法定节假日限额翻倍责任险保费表	医保外医疗费用责任险保费表	车上人员责任险基本费率表
绝对免赔率特约条款基本费率表	车辆损失险基本费率表	车身划痕损失险基本费率表	驾驶证
行驶证	身份证	教学用车	计算器

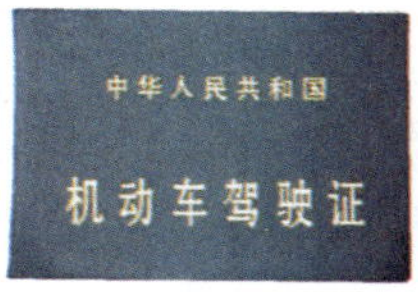

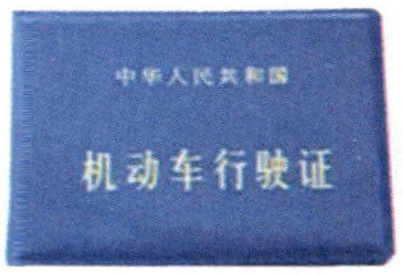

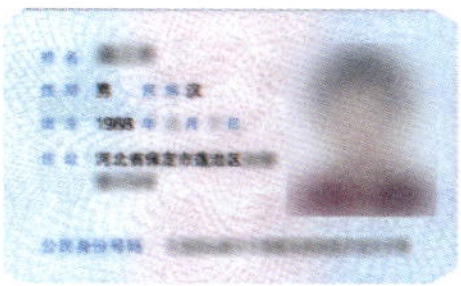

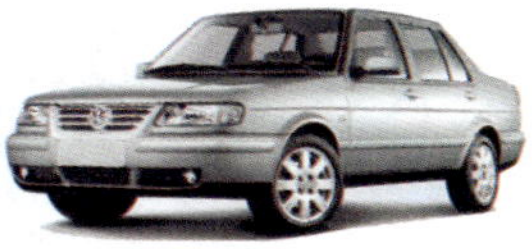

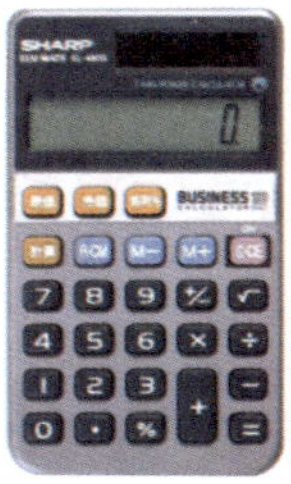

三、任务分配（见表 6-1）

表 6-1　任务分配表

职务	代码	姓名	工作内容
组长	A		监督、管理组员工作
组员	B		准备实训资料
	C		
	D		领取所需物品
	E		

四、任务实施

（一）实施案例 1

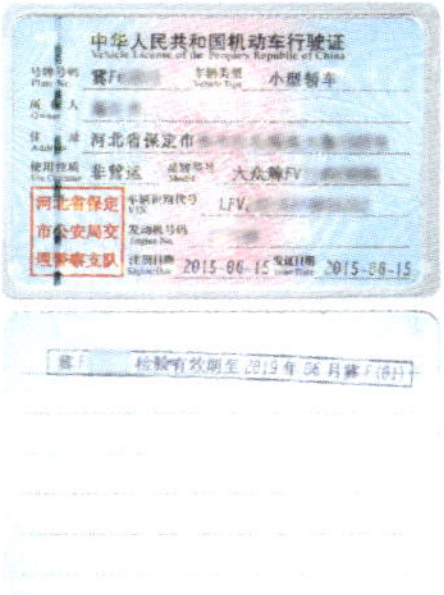

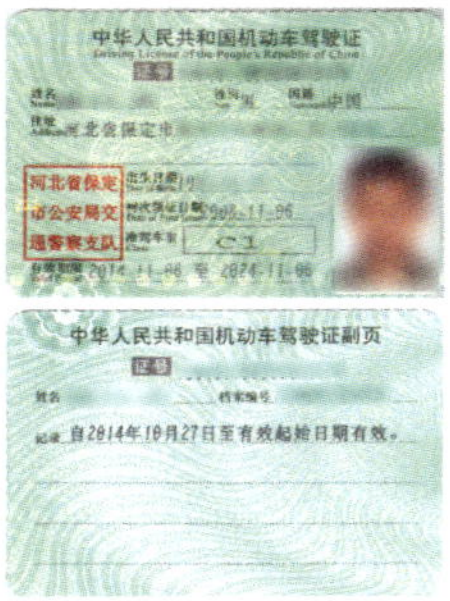

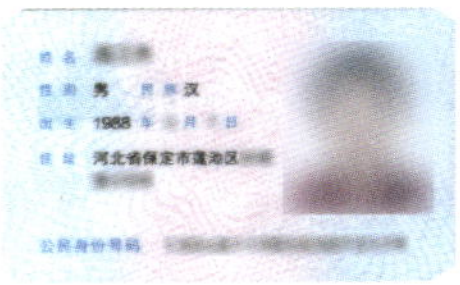

行驶证	驾驶证	身份证
该车辆为新购车，购置价格为 12 万元，客户刚刚才取得驾驶证，请为其推荐适合的保险险种组合方案，计算保费，并填写简易投保单。		

简易投保单

行驶证注册日期			上年投保公司		
上年保险单号			到期时间		
投保人 / 被保险人					
身份证号			组织机构代码证		
联系人姓名			联系电话		
联系地址				邮政编码	
投保种类	□ 交通事故责任强制保险 □ 商业险	交强险承保公司		交强险保险单号	
车辆类型		车牌号码		购置时间	

商业险险种	投保险种	保险金额 / 赔偿金额（万元）	保费（元）
	□ 车辆损失险		
	□ 第三者责任险	□ 5　□ 10　□ 20	
	□ 车上人员责任险		
	□ 附加绝对免赔率特约条款		
	□ 附加车轮单独损失险		
	□ 附加新增加设备损失险		
	□ 附加车身划痕损失险		
	□ 附加修理期间费用补偿险		
	□ 附加发动机进水损坏除外特约条款		
	□ 附加车上货物责任险		
	□ 附加精神损害抚慰金责任险		
	□ 附加法定节假日限额翻倍责任险		
	□ 附加医保外医疗费用责任险		
	□ 附加机动车增值服务特约条款		

（二）实施案例 2

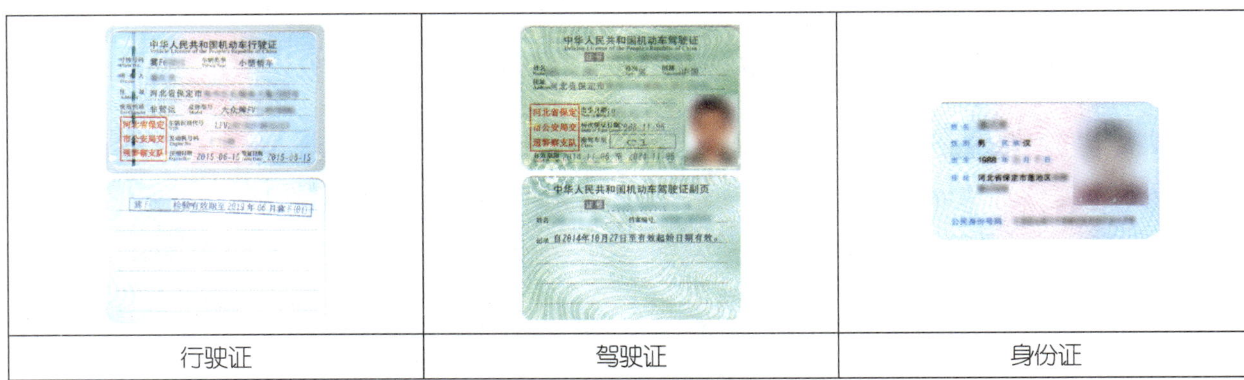

行驶证	驾驶证	身份证

该客户为工人，收入水平一般，平时为人比较沉稳。客户于 2016 年购买该车辆，新车购置价格为 16.8 万元，在 2016 年保险周期内发生 1 次双方道路交通事故，在 2017 年保险周期内发生 1 次单方道路交通事故，请为客户推荐适合的保险险种组合方案，计算 2018 年的保费，并填写简易投保单。

简易投保单

行驶证注册日期			上年投保公司		
上年保险单号			到期时间		
投保人 / 被保险人					
身份证号			组织机构代码证		
联系人姓名			联系电话		
联系地址				邮政编码	
投保种类	□ 交通事故责任强制保险 □ 商业险	交强险承保公司		交强险保险单号	
车辆类型		车牌号码		购置时间	

商业险险种	投保险种	保险金额 / 赔偿金额（万元）	保费（元）
	□ 车辆损失险		
	□ 第三者责任险	□ 5　□ 10　□ 20	
	□ 车上人员责任险		
	□ 附加绝对免赔率特约条款		
	□ 附加车轮单独损失险		
	□ 附加新增加设备损失险		
	□ 附加车身划痕损失险		
	□ 附加修理期间费用补偿险		
	□ 附加发动机进水损坏除外特约条款		
	□ 附加车上货物责任险		
	□ 附加精神损害抚慰金责任险		
	□ 附加法定节假日限额翻倍责任险		
	□ 附加医保外医疗费用责任险		
	□ 附加机动车增值服务特约条款		

（三）实施案例 3

行驶证	驾驶证	身份证
该客户为上班族，周末喜欢带着家人和朋友开车旅行。客户于 2015 年购买该车辆，新车购置价格为 12.5 万元，在 2015 年保险周期内发生 2 次双方道路交通事故，在 2016 年保险周期内发生 1 次单方道路交通事故、1 次双方道路交通事故，在 2017 年保险周期内发生 1 次单方道路交通事故，请为其推荐适合的保险险种组合方案，计算 2018 年的保费，并填写简易投保单。		

简易投保单

行驶证注册日期			上年投保公司		
上年保险单号			到期时间		
投保人 / 被保险人					
身份证号			组织机构代码证		
联系人姓名			联系电话		
联系地址				邮政编码	
投保种类	□ 交通事故责任强制保险 □ 商业险	交强险承保公司		交强险保险单号	
车辆类型		车牌号码		购置时间	

商业险险种	投保险种	保险金额 / 赔偿金额（万元）	保费（元）
	□ 车辆损失险		
	□ 第三者责任险	□ 5　□ 10　□ 20	
	□ 车上人员责任险		
	□ 附加绝对免赔率特约条款		
	□ 附加车轮单独损失险		
	□ 附加新增加设备损失险		
	□ 附加车身划痕损失险		
	□ 附加修理期间费用补偿险		
	□ 附加发动机进水损坏除外特约条款		
	□ 附加车上货物责任险		
	□ 附加精神损害抚慰金责任险		
	□ 附加法定节假日限额翻倍责任险		
	□ 附加医保外医疗费用责任险		
	□ 附加机动车增值服务特约条款		

（四）实施案例 4

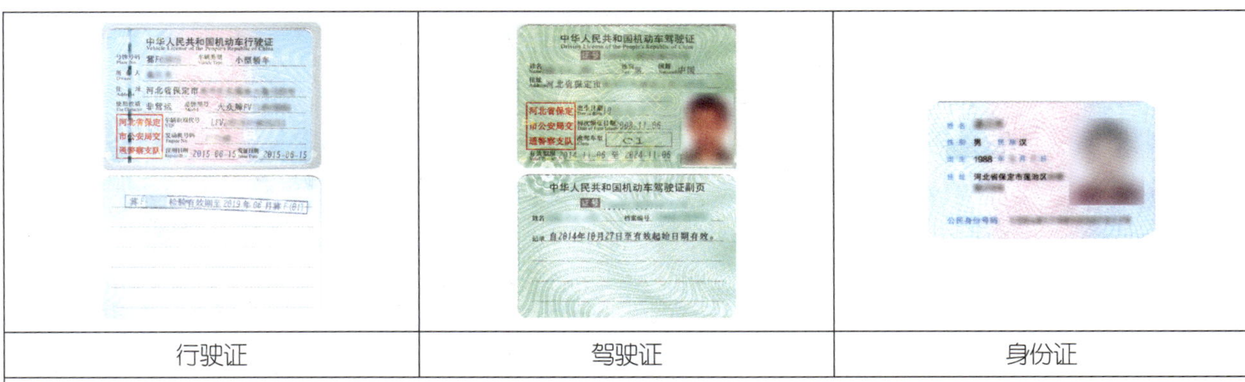

行驶证	驾驶证	身份证
该客户为企业主，其车辆平时多人使用，本人于 2016 年取得驾驶证并购买该车辆，新车购置价格为 10.8 万元，在 2013 年保险周期内未发生道路交通事故，在 2017 年保险周期内发生 2 次单方道路交通事故、1 次双方道路交通事故，请为其推荐适合的保险险种组合方案，计算 2018 年的保费，并填写简易投保单。		

简易投保单

行驶证注册日期			上年投保公司		
上年保险单号			到期时间		
投保人 / 被保险人					
身份证号			组织机构代码证		
联系人姓名			联系电话		
联系地址				邮政编码	
投保种类	□ 交通事故责任强制保险 □ 商业险	交强险承保公司		交强险保险单号	
车辆类型		车牌号码		购置时间	
商业险险种	投保险种		保险金额 / 赔偿金额（万元）		保费（元）
	□ 车辆损失险				
	□ 第三者责任险		□ 5　□ 10　□ 20		
	□ 车上人员责任险				
	□ 附加绝对免赔率特约条款				
	□ 附加车轮单独损失险				
	□ 附加新增加设备损失险				
	□ 附加车身划痕损失险				
	□ 附加修理期间费用补偿险				
	□ 附加发动机进水损坏除外特约条款				
	□ 附加车上货物责任险				
	□ 附加精神损害抚慰金责任险				
	□ 附加法定节假日限额翻倍责任险				
	□ 附加医保外医疗费用责任险				
	□ 附加机动车增值服务特约条款				

（五）实施案例 5

<table>
<tr><td>行驶证</td><td>驾驶证</td><td>身份证</td></tr>
<tr><td colspan="3">该客户为经验丰富的驾驶员，经常开着此车到异地送货。该车辆于 2017 年购买，新车购置价格为 14.3 万元，在 2017 年保险周期内发生 1 次双方道路交通事故、1 次单方道路交通事故，请为客户推荐适合的保险险种组合方案，计算 2018 年的保费，并填写简易投保单。</td></tr>
</table>

简易投保单

<table>
<tr><td>行驶证注册日期</td><td colspan="2"></td><td>上年投保公司</td><td colspan="2"></td></tr>
<tr><td>上年保险单号</td><td colspan="2"></td><td>到期时间</td><td colspan="2"></td></tr>
<tr><td>投保人 / 被保险人</td><td colspan="5"></td></tr>
<tr><td>身份证号</td><td colspan="2"></td><td>组织机构代码证</td><td colspan="2"></td></tr>
<tr><td>联系人姓名</td><td colspan="2"></td><td>联系电话</td><td colspan="2"></td></tr>
<tr><td>联系地址</td><td colspan="3"></td><td>邮政编码</td><td></td></tr>
<tr><td>投保种类</td><td>☐ 交通事故责任强制保险
☐ 商业险</td><td>交强险承保公司</td><td></td><td>交强险保险单号</td><td></td></tr>
<tr><td>车辆类型</td><td></td><td>车牌号码</td><td></td><td>购置时间</td><td></td></tr>
<tr><td rowspan="15">商业险险种</td><td colspan="2">投保险种</td><td colspan="2">保险金额 / 赔偿金额（万元）</td><td>保费（元）</td></tr>
<tr><td colspan="2">☐ 车辆损失险</td><td colspan="2"></td><td></td></tr>
<tr><td colspan="2">☐ 第三者责任险</td><td colspan="2">☐ 5 ☐ 10 ☐ 20</td><td></td></tr>
<tr><td colspan="2">☐ 车上人员责任险</td><td colspan="2"></td><td></td></tr>
<tr><td colspan="2">☐ 附加绝对免赔率特约条款</td><td colspan="2"></td><td></td></tr>
<tr><td colspan="2">☐ 附加车轮单独损失险</td><td colspan="2"></td><td></td></tr>
<tr><td colspan="2">☐ 附加新增加设备损失险</td><td colspan="2"></td><td></td></tr>
<tr><td colspan="2">☐ 附加车身划痕损失险</td><td colspan="2"></td><td></td></tr>
<tr><td colspan="2">☐ 附加修理期间费用补偿险</td><td colspan="2"></td><td></td></tr>
<tr><td colspan="2">☐ 附加发动机进水损坏除外特约条款</td><td colspan="2"></td><td></td></tr>
<tr><td colspan="2">☐ 附加车上货物责任险</td><td colspan="2"></td><td></td></tr>
<tr><td colspan="2">☐ 附加精神损害抚慰金责任险</td><td colspan="2"></td><td></td></tr>
<tr><td colspan="2">☐ 附加法定节假日限额翻倍责任险</td><td colspan="2"></td><td></td></tr>
<tr><td colspan="2">☐ 附加医保外医疗费用责任险</td><td colspan="2"></td><td></td></tr>
<tr><td colspan="2">☐ 附加机动车增值服务特约条款</td><td colspan="2"></td><td></td></tr>
</table>

五、检查

（一）自检

结合本组任务实施过程，对任务执行过程中的规范性进行检查，检查实施过程中是否存在以下问题，分析讨论应如何避免并总结规范的工作方法（见表 6-2）。

表 6-2　自检

检查项目	检查结果
是否能根据客户实际情况和需求推荐保险组合方案	是□　否□
是否能准确地告知客户汽车保险的购买原则和保障范围	是□　否□
是否能合理、有效地促成保险签单，计算保费并填写简易投保单	是□　否□

（二）互检

组与组之间相互进行任务实施过程及结果检查，并将检查结果填写在表 6-3 中。

表 6-3　互检

检查项目	检查结果
是否能根据客户实际情况和需求推荐保险组合方案	是□　否□
是否能准确地告知客户汽车保险的购买原则和保障范围	是□　否□
是否能合理、有效地促成保险签单，计算保费并填写简易投保单	是□　否□

六、课堂小结

情境二

汽车保险查勘定损

任务七　接听报案电话

<table>
<tr><td colspan="6">接听报案电话任务工单</td></tr>
<tr><td>客户信息</td><td>姓名</td><td></td><td>电话</td><td colspan="2"></td></tr>
<tr><td rowspan="2">车辆信息</td><td colspan="2">车型</td><td colspan="2">VIN 码</td><td>行驶里程</td></tr>
<tr><td colspan="2"></td><td colspan="2"></td><td></td></tr>
<tr><td>任务描述</td><td colspan="5">销售交强险 □　销售商业险主险 □　销售商业险附加险 □　制定投保方案 □
接听报案电话 □　现场查勘 □　记录事故现场 □　事故定损 □
理赔申请 □　赔款理算 □　承保 □
其他：</td></tr>
<tr><td colspan="3">车辆外观检查</td><td colspan="3">车辆内部检查</td></tr>
<tr><td>凹凸 □
划痕 □
石击 □
油漆 □</td><td colspan="2"></td><td>污渍 □
破损 □
色斑 □
变形 □</td><td colspan="2"></td></tr>
<tr><td>明确具体工作任务</td><td colspan="5"></td></tr>
<tr><td>任务目标</td><td colspan="5">● 能够利用标准话术和流程接听客户报案电话
● 能够分析事故责任、类型，记录相关内容
● 能够正确、全面地填写报案记录表，并进行案件调派</td></tr>
<tr><td>任务内容</td><td colspan="5">● 利用标准话术和流程接听客户报案电话
● 分析事故类型、事故责任等
● 全面记录报案信息并进行案件调派</td></tr>
</table>

续表

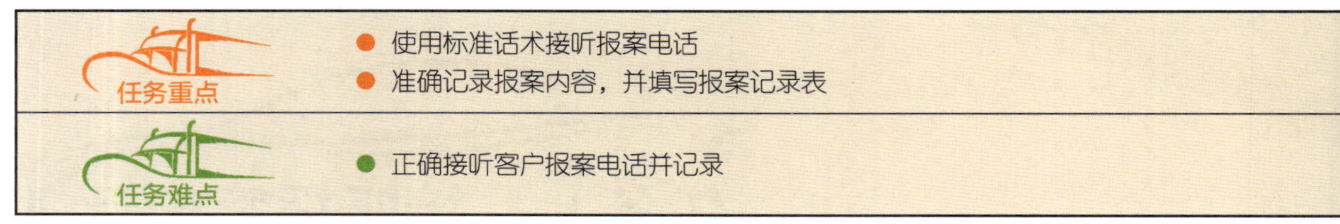

任务重点	● 使用标准话术接听报案电话 ● 准确记录报案内容，并填写报案记录表
任务难点	● 正确接听客户报案电话并记录

一、知识讲解

1. 客户报案方式及受理流程

（1）客户报案方式

客户报案方式有电话报案、上门报案、传真报案和其他方式报案。

（2）客户报案的受理流程

受理客户报案的工作流程是：接听报案电话→核查相关信息→记录报案内容→分析案件类型，判断责任→确定是否受理案件→告知报案人相关注意事项→案件调派。

2. 接听报案电话

（1）接听报案电话时询问的内容

接听报案电话时需要询问的相关内容包括：核查保单信息和车辆信息，确认驾驶员并记录出险时间和出险地点，记录事故原因及经过并确定受损情况。

（2）接听报案电话的标准话术

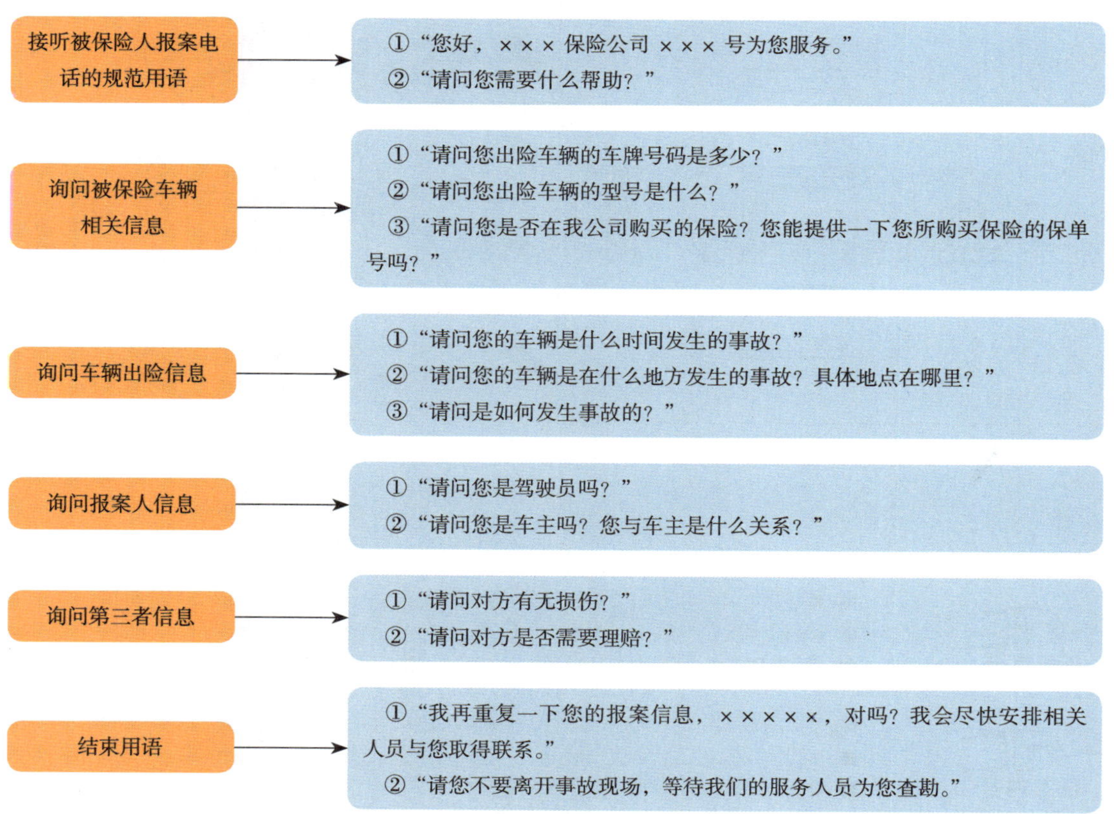

3. 保险事故案件调派

保险公司受理客户事故报案后通常需要将案件进行调派，日常调派分为一级调度和二级调度。一级调度调派保险公司查勘人员，二级调度调派公估公司查勘人员。

二、任务准备

在下列图片中勾选出完成本任务所需的物品。

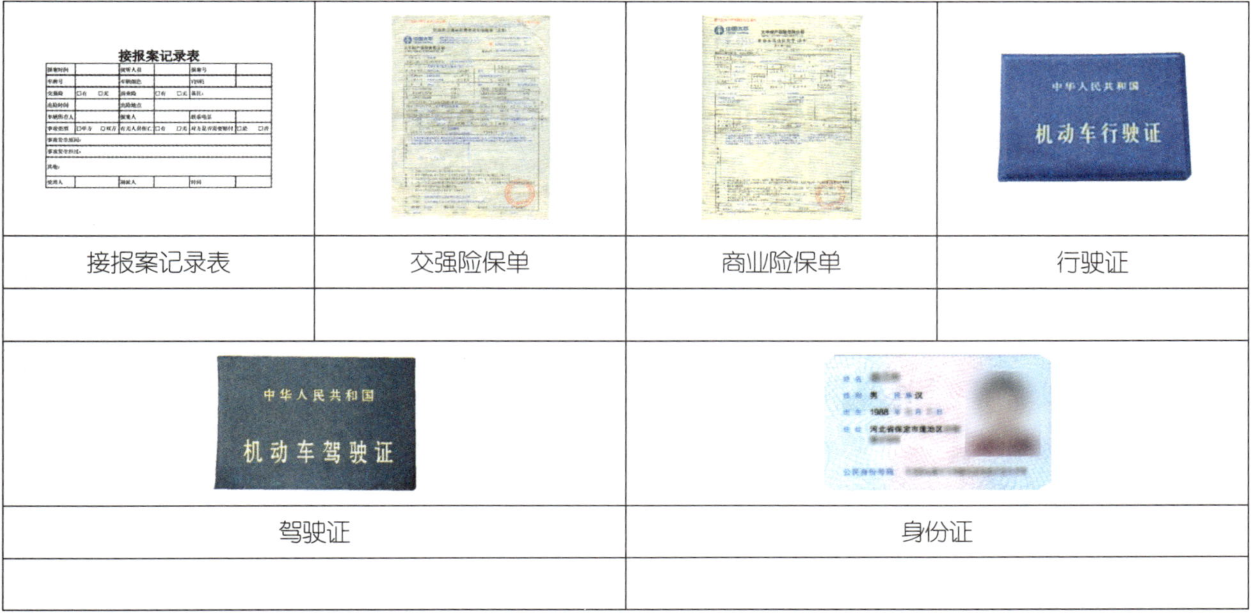

接报案记录表	交强险保单	商业险保单	行驶证

驾驶证	身份证

三、任务分配（见表 7-1）

表 7-1 任务分配表

职务	代码	姓名	工作内容
组长	A		监督、管理组员工作
组员	B		准备实训资料
	C		
	D		领取所需物品
	E		

四、任务实施

（一）实施案例 1

根据教师给出的行驶证、驾驶证、身份证、保单等内容完成以下案例的接报案。

该车辆 21 时 30 分在廊涿高速公路上行驶，由于天黑，驾驶人视线不佳，从而与高速隔离带发生了碰撞，导致车辆左前部及隔离带损坏，高速隔离带和车辆均需要赔付。各组学员分别扮演报案人员和保险公司电话接听人员，模拟报案过程，分析案件并填写接报案记录表。

接报案记录表

报案时间		接听人员		报案号	
车牌号		车辆颜色		VIN 码	
交强险	□ 有　□ 无	商业险	□ 有　□ 无	备注：	
出险时间		出险地点			
车辆所有人		报案人		联系电话	
事故类型	□ 单方　□ 双方	有无人员伤亡	□ 有　□ 无	对方是否需要赔付	□ 是　□ 否
事故发生原因：					
事故发生经过：					
其他：					
受理人		调派人		时间	

（二）实施案例 2

根据教师给出的行驶证、驾驶证、身份证、保单等内容完成以下案例的接报案。

该车辆在倒车的时候不慎与花坛发生了碰撞，导致车辆后保险杠损坏，需要维修。各组学员分别扮演报案人员和保险公司电话接听人员，模拟报案过程，分析案件并填写接报案记录表。

接报案记录表

报案时间		接听人员		报案号	
车牌号		车辆颜色		VIN 码	
交强险	□ 有　□ 无	商业险	□ 有　□ 无	备注：	
出险时间		出险地点			
车辆所有人		报案人		联系电话	
事故类型	□ 单方　□ 双方	有无人员伤亡	□ 有　□ 无	对方是否需要赔付	□ 是　□ 否
事故发生原因：					
事故发生经过：					
其他：					
受理人		调派人		时间	

（三）实施案例 3

根据教师给出的行驶证、驾驶证、身份证、保单等内容完成以下案例的接报案。

该车辆在路口与前车发生追尾事故，导致本车前保险杠、前车后保险杠损坏，需要维修。各组学员分别扮演报案人员和保险公司电话接听人员，模拟报案过程，分析案例并填写接报案记录表。

接报案记录表

<table>
<tr><td>报案时间</td><td></td><td>接听人员</td><td></td><td>报案号</td><td></td></tr>
<tr><td>车牌号</td><td></td><td>车辆颜色</td><td></td><td>VIN 码</td><td></td></tr>
<tr><td>交强险</td><td>□ 有 □ 无</td><td>商业险</td><td>□ 有 □ 无</td><td colspan="2">备注：</td></tr>
<tr><td>出险时间</td><td></td><td>出险地点</td><td colspan="3"></td></tr>
<tr><td>车辆所有人</td><td></td><td>报案人</td><td></td><td>联系电话</td><td></td></tr>
<tr><td>事故类型</td><td>□ 单方 □ 双方</td><td>有无人员伤亡</td><td>□ 有 □ 无</td><td>对方是否需要赔付</td><td>□ 是 □ 否</td></tr>
<tr><td colspan="6">事故发生原因：</td></tr>
<tr><td colspan="6">事故发生经过：</td></tr>
<tr><td colspan="6">其他：</td></tr>
<tr><td>受理人</td><td></td><td>调派人</td><td></td><td>时间</td><td></td></tr>
</table>

（四）实施案例 4

根据教师给出的行驶证、驾驶证、身份证、保单等内容完成以下案例的接报案。

该车辆在国道上行驶时因躲避电动三轮车不慎撞到路边的大树，导致本车前保险杠、前照灯、翼子板损坏，需要维修。各组学员分别扮演报案人员和保险公司电话接听人员，模拟报案过程，分析案例并填写接报案记录表。

接报案记录表

<table>
<tr><td>报案时间</td><td></td><td>接听人员</td><td></td><td>报案号</td><td></td></tr>
<tr><td>车牌号</td><td></td><td>车辆颜色</td><td></td><td>VIN 码</td><td></td></tr>
<tr><td>交强险</td><td>□ 有 □ 无</td><td>商业险</td><td>□ 有 □ 无</td><td colspan="2">备注：</td></tr>
<tr><td>出险时间</td><td></td><td>出险地点</td><td colspan="3"></td></tr>
<tr><td>车辆所有人</td><td></td><td>报案人</td><td></td><td>联系电话</td><td></td></tr>
<tr><td>事故类型</td><td>□ 单方 □ 双方</td><td>有无人员伤亡</td><td>□ 有 □ 无</td><td>对方是否需要赔付</td><td>□ 是 □ 否</td></tr>
<tr><td colspan="6">事故发生原因：</td></tr>
<tr><td colspan="6">事故发生经过：</td></tr>
<tr><td colspan="6">其他：</td></tr>
<tr><td>受理人</td><td></td><td>调派人</td><td></td><td>时间</td><td></td></tr>
</table>

（五）实施案例 5

根据教师给出的行驶证、驾驶证、身份证、保单等内容完成以下案例的接报案。

该车辆驾驶员由于对向车辆远光灯照射导致视线不清，致使车辆撞到道路中间的隔离栏杆，造成本车左前翼子板、左车门损坏，需要维修。各组学员分别扮演报案人员和保险公司电话接听人员，模拟报案过程，分析案例并填写接报案记录表。

接报案记录表

报案时间		接听人员		报案号	
车牌号		车辆颜色		VIN 码	
交强险	□ 有　□ 无	商业险	□ 有　□ 无	备注：	
出险时间		出险地点			
车辆所有人		报案人		联系电话	
事故类型	□ 单方　□ 双方	有无人员伤亡	□ 有　□ 无	对方是否需要赔付	□ 是　□ 否
事故发生原因：					
事故发生经过：					
其他：					
受理人		调派人		时间	

五、检查

（一）自检

结合本组任务实施过程，对任务执行过程中的规范性进行检查，检查实施过程中是否存在以下问题，分析讨论应如何避免并总结规范的工作方法（见表 7-2）。

表 7-2　自检

检查项目	检查结果
是否使用标准话术接听客户报案电话	是 □　否 □
是否按照流程对客户报案进行询问和案件分析	是 □　否 □
是否正确填写接报案记录表	是 □　否 □

（二）互检

组与组之间相互进行任务实施过程及结果检查，并将检查结果填写在表 7-3 中。

表 7-3 互检

检查项目	检查结果
是否使用标准话术接听客户报案电话	是□ 否□
是否按照流程对客户报案进行询问和案件分析	是□ 否□
是否正确填写接报案记录表	是□ 否□

六、课堂小结

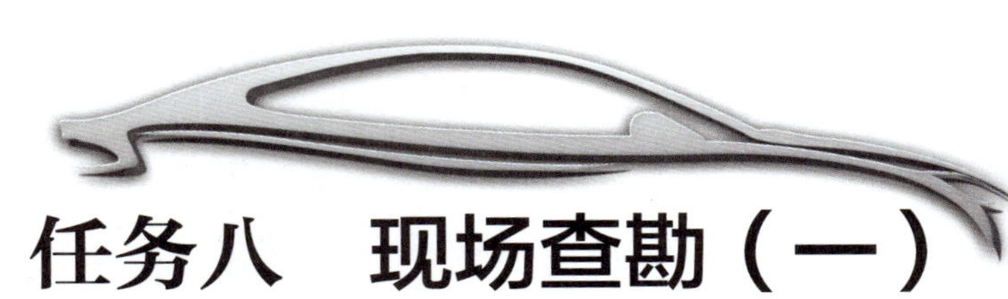

任务八　现场查勘（一）

现场查勘（一）——查勘准备与现场查勘任务工单					
客户信息	姓名		电话		
车辆信息	车型	VIN 码		行驶里程	
任务描述	销售交强险 □ 接听报案电话 □ 理赔申请 □	销售商业险主险 □ 现场查勘 □ 赔款理算 □	销售商业险附加险 □ 记录事故现场 □ 承保 □	制定投保方案 □ 事故定损 □	
	其他：				
车辆外观检查			车辆内部检查		
凹凸 □			污渍 □		
划痕 □			破损 □		
石击 □			色斑 □		
油漆 □			变形 □		
明确具体工作任务					

任务目标

- 能够安排事故现场查勘前的相关准备工作
- 能够熟练使用现场查勘的工具和物品
- 能够及时与事故相关人员进行沟通
- 能够判断事故现场真伪并进行查勘记录
- 能够实地进行事故查勘

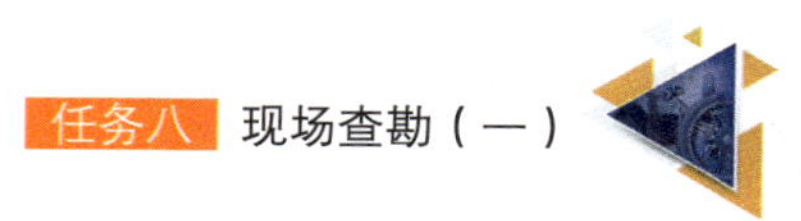

续表

 任务内容	● 现场查勘前的准备 ● 熟练使用现场查勘的工具和物品 ● 与事故相关人员沟通联系 ● 现场查勘分析 ● 记录事故现场
 任务重点	● 与事故相关人员进行沟通联系 ● 事故现场的查勘和记录 ● 现场查勘的工作流程
 任务难点	● 现场查勘的工作流程 ● 现场查勘判断和记录

一、知识讲解

1. 现场查勘前的准备

现场查勘前必须准备的物品有查勘车、照相机、资料、笔、手电筒、手机、录音笔等。

2. 与客户沟通

（1）与客户联系沟通的内容

与客户联系沟通的内容包括：与客户进行电话沟通和信息确认；了解事故信息，分析事故现场；判断事故责任类型；告知客户注意事项并保护事故现场。

（2）与客户沟通的基本话术

1）您好，我是 × × 保险公司查勘员 × × ×，请问您的车辆是不是出险了？

2）请问您的出险地址是 × × × × × × × × × 吗？

3）您的车辆是如何发生事故的？车辆损伤程度如何？有其他车辆损失和人员伤亡吗？

4）请您不要离开事故现场，保持现场原状，我会尽快赶过去。

3. 现场查勘

（1）现场查勘的工作流程（见表 8–1）

表 8–1 现场查勘工作流程

序号	工作流程	具体操作步骤
1	到达事故现场	赶赴现场，初步了解事故情况
2	询问、审核相关内容	对报案人员和车辆进行核对
3	收集现场证据	通过各种查勘技术、方法收集证据
4	确定保险责任	判断事故是否属于保险理赔范围
5	填写相关单证	结合查勘情况填写相关单证，告知后续事项
6	确定维修方案	安排车辆维修，确定维修方案

（2）现场查勘的工作内容

现场查勘内容有：核查车辆相关信息、核查相关证件、核查驾驶员相关信息、核实事故发生的相关信息、核查事故损失相关信息。

（3）事故责任比例

事故责任类型及责任比例见表 8–2。

表 8–2 交通事故责任类型及责任比例

交通事故责任类型	事故责任比例（%）
被保险机动车方负全部责任	100
被保险机动车方负主要责任	70
被保险机动车方负同等责任	50
被保险机动车方负次要责任	30
被保险机动车方无责任	0

二、任务准备

在下列图片中勾选出完成本任务所需的物品。

事故定损单	交强险保单	商业险保单	行驶证
驾驶证	身份证	教学用车（2 台）	相机
手电筒	录音笔	手机	黑色签字笔

三、任务分配（见表 8-3）

表 8-3 任务分配表

职务	代码	姓名	工作内容
组长	A		监督、管理组员工作
组员	B		准备实训资料
	C		
	D		领取所需物品
	E		

四、任务实施

（一）实施案例 1

根据教师给出的事故现场和出险信息完成查勘前的准备与现场查勘。

事故定损单

<table>
<tr><td rowspan="9">出险通知书</td><td colspan="4">被保险人：</td><td>保险单号：</td></tr>
<tr><td colspan="2">车牌号码：</td><td colspan="2">肇事司机：</td><td>司机电话：</td></tr>
<tr><td colspan="2">厂牌型号：</td><td colspan="2">驾驶证号码：</td><td>准驾车型：</td></tr>
<tr><td colspan="4">车辆 VIN 码：</td><td>车辆颜色：</td></tr>
<tr><td colspan="2">出险时间：　　年　　月　　日</td><td colspan="2">联系人：</td><td>联系电话：</td></tr>
<tr><td colspan="5">出险地点：</td></tr>
<tr><td colspan="5">出险原因及经过：
被保险人 / 肇事司机签章：</td></tr>
<tr><td colspan="4">记录事故碰撞点、损失部位及初步处理意见：</td><td rowspan="7">现场草图：</td></tr>
<tr><td colspan="4"></td></tr>
<tr><td rowspan="8">标的损失确认</td><td>更换项目</td><td>核定金额</td><td>修理项目</td><td>核定金额</td></tr>
<tr><td></td><td></td><td></td><td></td></tr>
<tr><td></td><td></td><td></td><td></td></tr>
<tr><td></td><td></td><td></td><td></td></tr>
<tr><td></td><td></td><td></td><td></td></tr>
<tr><td></td><td></td><td></td><td></td></tr>
<tr><td>损失合计</td><td colspan="3"></td><td rowspan="11">被保险人声明：
1. 本人对上述情况认定属实，如有虚假，愿放弃保险的一切权利并承担法律责任。
2. 同意保险公司按现场查勘人员核定的修理价格及有关条款规定进行赔偿。
3. 本事故的保险赔款转入以下账户。
户名：
开户银行：
账号：
被保险人签章：
被保险人联系电话：
被保险人身份证号码：</td></tr>
<tr><td colspan="4">保险标的损失确认签名：</td></tr>
<tr><td rowspan="8">第三者信息及损失确认</td><td>车牌号</td><td></td><td>车型</td><td></td></tr>
<tr><td colspan="4">交强险保单及承保公司：</td></tr>
<tr><td>更换项目</td><td>核定金额</td><td>修理项目</td><td>核定金额</td></tr>
<tr><td></td><td></td><td></td><td></td></tr>
<tr><td></td><td></td><td></td><td></td></tr>
<tr><td></td><td></td><td></td><td></td></tr>
<tr><td>损失合计</td><td colspan="3"></td></tr>
<tr><td colspan="4">第三者损失确认签名及联系电话：</td></tr>
<tr><td colspan="5">查勘人签名：</td></tr>
</table>

（二）实施案例 2

根据教师给出的事故现场和出险信息完成查勘前的准备与现场查勘。

事故定损单

<table>
<tr><td rowspan="8">出险通知书</td><td colspan="4">被保险人：</td><td>保险单号：</td></tr>
<tr><td colspan="2">车牌号码：</td><td colspan="2">肇事司机：</td><td>司机电话：</td></tr>
<tr><td colspan="2">厂牌型号：</td><td colspan="2">驾驶证号码：</td><td>准驾车型：</td></tr>
<tr><td colspan="4">车辆 VIN 码：</td><td>车辆颜色：</td></tr>
<tr><td colspan="2">出险时间：　　年　　月　　日</td><td colspan="2">联系人：</td><td>联系电话：</td></tr>
<tr><td colspan="5">出险地点：</td></tr>
<tr><td colspan="5">出险原因及经过：
被保险人 / 肇事司机签章：</td></tr>
<tr><td colspan="4">记录事故碰撞点、损失部位及初步处理意见：</td><td rowspan="7">现场草图：</td></tr>
<tr><td rowspan="8">标的损失确认</td><td>更换项目</td><td>核定金额</td><td>修理项目</td><td>核定金额</td></tr>
<tr><td></td><td></td><td></td><td></td></tr>
<tr><td></td><td></td><td></td><td></td></tr>
<tr><td></td><td></td><td></td><td></td></tr>
<tr><td></td><td></td><td></td><td></td></tr>
<tr><td></td><td></td><td></td><td></td></tr>
<tr><td>损失合计</td><td colspan="3"></td><td rowspan="11">被保险人声明：
1. 本人对上述情况认定属实，如有虚假，愿放弃保险的一切权利并承担法律责任。
2. 同意保险公司按现场查勘人员核定的修理价格及有关条款规定进行赔偿。
3. 本事故的保险赔款转入以下账户。
户名：
开户银行：
账号：
被保险人签章：
被保险人联系电话：
被保险人身份证号码：</td></tr>
<tr><td colspan="4">保险标的损失确认签名：</td></tr>
<tr><td rowspan="8">第三者信息及损失确认</td><td>车牌号</td><td></td><td>车型</td><td></td></tr>
<tr><td colspan="4">交强险保单及承保公司：</td></tr>
<tr><td>更换项目</td><td>核定金额</td><td>修理项目</td><td>核定金额</td></tr>
<tr><td></td><td></td><td></td><td></td></tr>
<tr><td></td><td></td><td></td><td></td></tr>
<tr><td></td><td></td><td></td><td></td></tr>
<tr><td>损失合计</td><td colspan="3"></td></tr>
<tr><td colspan="4">第三者损失确认签名及联系电话：</td></tr>
<tr><td colspan="5">查勘人签名：</td></tr>
</table>

（三）实施案例 3

根据教师给出的事故现场和出险信息完成查勘前的准备与现场查勘。

事故定损单

<table>
<tr><td rowspan="8">出险通知书</td><td colspan="4">被保险人：</td><td>保险单号：</td></tr>
<tr><td>车牌号码：</td><td colspan="3">肇事司机：</td><td>司机电话：</td></tr>
<tr><td>厂牌型号：</td><td colspan="3">驾驶证号码：</td><td>准驾车型：</td></tr>
<tr><td colspan="4">车辆 VIN 码：</td><td>车辆颜色：</td></tr>
<tr><td colspan="2">出险时间：　　年　　月　　日</td><td colspan="2">联系人：</td><td>联系电话：</td></tr>
<tr><td colspan="5">出险地点：</td></tr>
<tr><td colspan="5">出险原因及经过：
被保险人 / 肇事司机签章：</td></tr>
<tr><td colspan="4">记录事故碰撞点、损失部位及初步处理意见：</td><td rowspan="7">现场草图：</td></tr>
<tr><td rowspan="8">标的损失确认</td><td>更换项目</td><td>核定金额</td><td>修理项目</td><td>核定金额</td></tr>
<tr><td></td><td></td><td></td><td></td></tr>
<tr><td></td><td></td><td></td><td></td></tr>
<tr><td></td><td></td><td></td><td></td></tr>
<tr><td></td><td></td><td></td><td></td></tr>
<tr><td></td><td></td><td></td><td></td></tr>
<tr><td>损失合计</td><td colspan="3"></td><td rowspan="11">被保险人声明：
1. 本人对上述情况认定属实，如有虚假，愿放弃保险的一切权利并承担法律责任。
2. 同意保险公司按现场查勘人员核定的修理价格及有关条款规定进行赔偿。
3. 本事故的保险赔款转入以下账户。
户名：
开户银行：
账号：
被保险人签章：
被保险人联系电话：
被保险人身份证号码：</td></tr>
<tr><td colspan="4">保险标的的损失确认签名：</td></tr>
<tr><td rowspan="8">第三者信息及损失确认</td><td>车牌号</td><td></td><td>车型</td><td></td></tr>
<tr><td colspan="4">交强险保单及承保公司：</td></tr>
<tr><td>更换项目</td><td>核定金额</td><td>修理项目</td><td>核定金额</td></tr>
<tr><td></td><td></td><td></td><td></td></tr>
<tr><td></td><td></td><td></td><td></td></tr>
<tr><td></td><td></td><td></td><td></td></tr>
<tr><td>损失合计</td><td colspan="3"></td></tr>
<tr><td colspan="4">第三者损失确认签名及联系电话：</td></tr>
<tr><td colspan="5">查勘人签名：</td></tr>
</table>

（四）实施案例 4

根据教师给出的事故现场和出险信息完成查勘前的准备与现场查勘。

事故定损单

<table>
<tr><td rowspan="8">出险通知书</td><td colspan="4">被保险人：</td><td>保险单号：</td></tr>
<tr><td colspan="2">车牌号码：</td><td colspan="2">肇事司机：</td><td>司机电话：</td></tr>
<tr><td colspan="2">厂牌型号：</td><td colspan="2">驾驶证号码：</td><td>准驾车型：</td></tr>
<tr><td colspan="4">车辆 VIN 码：</td><td>车辆颜色：</td></tr>
<tr><td colspan="2">出险时间： 年 月 日</td><td colspan="2">联系人：</td><td>联系电话：</td></tr>
<tr><td colspan="5">出险地点：</td></tr>
<tr><td colspan="5">出险原因及经过：
被保险人 / 肇事司机签章：</td></tr>
<tr><td colspan="4">记录事故碰撞点、损失部位及初步处理意见：</td><td rowspan="7">现场草图：</td></tr>
<tr><td rowspan="8">标的损失确认</td><td>更换项目</td><td>核定金额</td><td>修理项目</td><td>核定金额</td></tr>
<tr><td></td><td></td><td></td><td></td></tr>
<tr><td></td><td></td><td></td><td></td></tr>
<tr><td></td><td></td><td></td><td></td></tr>
<tr><td></td><td></td><td></td><td></td></tr>
<tr><td></td><td></td><td></td><td></td></tr>
<tr><td>损失合计</td><td colspan="3"></td><td rowspan="11">被保险人声明：
1. 本人对上述情况认定属实，如有虚假，愿放弃保险的一切权利并承担法律责任。
2. 同意保险公司按现场查勘人员核定的修理价格及有关条款规定进行赔偿。
3. 本事故的保险赔款转入以下账户。
户名：
开户银行：
账号：
被保险人签章：
被保险人联系电话：
被保险人身份证号码：</td></tr>
<tr><td colspan="4">保险标的损失确认签名：</td></tr>
<tr><td rowspan="8">第三者信息及损失确认</td><td>车牌号</td><td></td><td>车型</td><td></td></tr>
<tr><td colspan="4">交强险保单及承保公司：</td></tr>
<tr><td>更换项目</td><td>核定金额</td><td>修理项目</td><td>核定金额</td></tr>
<tr><td></td><td></td><td></td><td></td></tr>
<tr><td></td><td></td><td></td><td></td></tr>
<tr><td></td><td></td><td></td><td></td></tr>
<tr><td>损失合计</td><td colspan="3"></td></tr>
<tr><td colspan="4">第三者损失确认签名及联系电话：</td></tr>
<tr><td colspan="5">查勘人签名：</td></tr>
</table>

五、检查

（一）自检

结合本组任务实施过程，对任务执行过程中的规范性进行检查，检查实施过程中是否存在以下问题，分析讨论应如何避免并总结规范的工作方法（见表 8–4）。

表 8–4　自检

检查项目	检查结果
是否与客户进行联系沟通，确认事故详情	是□　否□
是否在查勘前将物品准备妥当	是□　否□
是否实际完成事故现场查勘	是□　否□
是否对事故现场查勘情况和结果进行记录	是□　否□

（二）互检

组与组之间相互进行任务实施过程及结果检查，并将检查结果填写在表 8–5 中。

表 8–5　互检

检查项目	检查结果
是否与客户进行联系沟通，确认事故详情	是□　否□
是否在查勘前将物品准备妥当	是□　否□
是否实际完成事故现场查勘	是□　否□
是否对事故现场查勘情况和结果进行记录	是□　否□

六、课堂小结

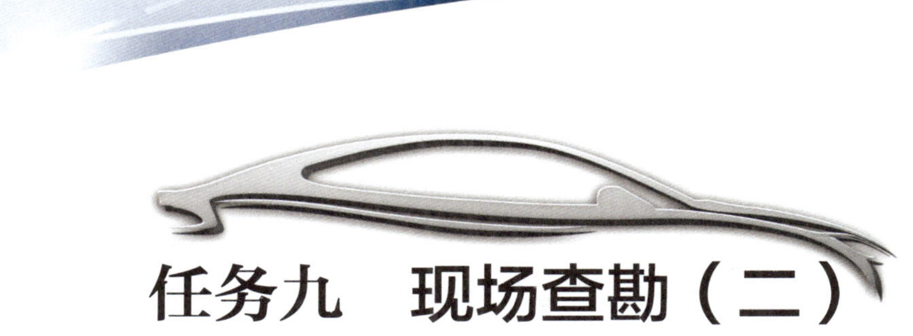

任务九　现场查勘（二）

<table>
<tr><td colspan="6">现场查勘（二）——查勘记录与事故责任划分任务工单</td></tr>
<tr><td>客户信息</td><td>姓名</td><td></td><td>电话</td><td colspan="2"></td></tr>
<tr><td rowspan="2">车辆信息</td><td colspan="2">车型</td><td colspan="2">VIN 码</td><td>行驶里程</td></tr>
<tr><td colspan="2"></td><td colspan="2"></td><td></td></tr>
<tr><td>任务描述</td><td colspan="5">销售交强险 □　销售商业险主险 □　销售商业险附加险 □　制定投保方案 □
接听报案电话 □　现场查勘 □　记录事故现场 □　事故定损 □
理赔申请 □　赔款理算 □　承保 □
其他：</td></tr>
<tr><td colspan="3">车辆外观检查</td><td colspan="3">车辆内部检查</td></tr>
<tr><td>凹凸 □
划痕 □
石击 □
油漆 □</td><td colspan="2"></td><td>污渍 □
破损 □
色斑 □
变形 □</td><td colspan="2"></td></tr>
<tr><td>明确具体工作任务</td><td colspan="5"></td></tr>
</table>

任务目标

- 能够安排事故现场查勘前的相关准备工作
- 能够熟练使用现场查勘的工具和物品
- 能够及时与事故相关人员进行沟通
- 能够判断事故现场真伪并进行查勘记录
- 能够实地进行事故查勘

任务内容

- 现场查勘前的准备
- 熟练使用现场查勘的工具和物品
- 与事故相关人员沟通联系
- 现场查勘分析
- 记录事故现场

续表

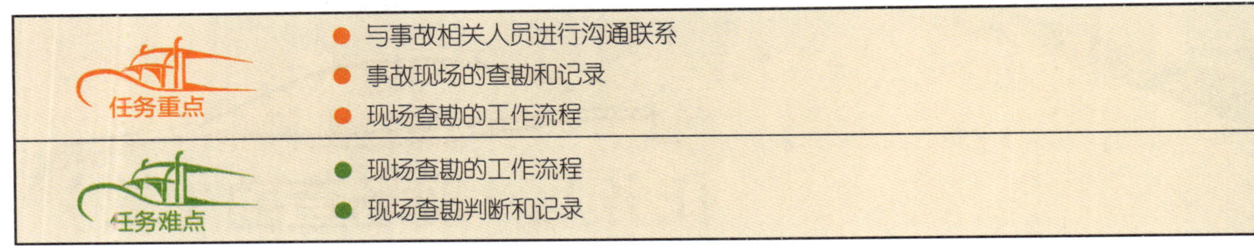

任务重点	● 与事故相关人员进行沟通联系 ● 事故现场的查勘和记录 ● 现场查勘的工作流程
任务难点	● 现场查勘的工作流程 ● 现场查勘判断和记录

一、任务准备

在下列图片中勾选出完成本任务所需的物品。

事故定损单	交强险保单	商业险保单	行驶证
驾驶证	身份证	教学用车（2 台）	相机
手电筒	录音笔	手机	黑色签字笔

二、任务分配（见表 9-1）

表 9-1　任务分配表

职务	代码	姓名	工作内容
组长	A		监督、管理组员工作
组员	B		准备实训资料
	C		

续表

<table>
<tr><th>职务</th><th>代码</th><th>姓名</th><th>工作内容</th></tr>
<tr><td rowspan="2">组员</td><td>D</td><td></td><td rowspan="2">领取所需物品</td></tr>
<tr><td>E</td><td></td></tr>
</table>

三、任务实施

（一）实施案例 1

根据教师给出的事故现场和出险信息完成查勘前的准备与现场查勘。

事故定损单

<table>
<tr><td rowspan="8">出险通知书</td><td colspan="4">被保险人：</td><td>保险单号：</td></tr>
<tr><td colspan="2">车牌号码：</td><td colspan="2">肇事司机：</td><td>司机电话：</td></tr>
<tr><td colspan="2">厂牌型号：</td><td colspan="2">驾驶证号码：</td><td>准驾车型：</td></tr>
<tr><td colspan="4">车辆 VIN 码：</td><td>车辆颜色：</td></tr>
<tr><td colspan="2">出险时间：　　年　　月　　日</td><td colspan="2">联系人：</td><td>联系电话：</td></tr>
<tr><td colspan="5">出险地点：</td></tr>
<tr><td colspan="5">出险原因及经过：
被保险人 / 肇事司机签章：</td></tr>
<tr><td colspan="4">记录事故碰撞点、损失部位及初步处理意见：</td><td rowspan="7">现场草图：</td></tr>
<tr><td rowspan="8">标的损失确认</td><td>更换项目</td><td>核定金额</td><td>修理项目</td><td>核定金额</td></tr>
<tr><td></td><td></td><td></td><td></td></tr>
<tr><td></td><td></td><td></td><td></td></tr>
<tr><td></td><td></td><td></td><td></td></tr>
<tr><td></td><td></td><td></td><td></td></tr>
<tr><td></td><td></td><td></td><td></td></tr>
<tr><td>损失合计</td><td colspan="3"></td><td rowspan="11">被保险人声明：
1. 本人对上述情况认定属实，如有虚假，愿放弃保险的一切权利并承担法律责任。
2. 同意保险公司按现场查勘人员核定的修理价格及有关条款规定进行赔偿。
3. 本事故的保险赔款转入以下账户。
户名：
开户银行：
账号：
被保险人签章：
被保险人联系电话：
被保险人身份证号码：</td></tr>
<tr><td colspan="4">保险标的损失确认签名：</td></tr>
<tr><td rowspan="8">第三者信息及损失确认</td><td>车牌号</td><td></td><td>车型</td><td></td></tr>
<tr><td colspan="4">交强险保单及承保公司：</td></tr>
<tr><td>更换项目</td><td>核定金额</td><td>修理项目</td><td>核定金额</td></tr>
<tr><td></td><td></td><td></td><td></td></tr>
<tr><td></td><td></td><td></td><td></td></tr>
<tr><td></td><td></td><td></td><td></td></tr>
<tr><td>损失合计</td><td colspan="3"></td></tr>
<tr><td colspan="4">第三者损失确认签名及联系电话：</td></tr>
<tr><td colspan="5">查勘人签名：</td></tr>
</table>

（二）实施案例 2

根据教师给出的事故现场和出险信息完成查勘前的准备与现场查勘。

事故定损单

<table>
<tr><td rowspan="8">出险通知书</td><td colspan="4">被保险人：</td><td>保险单号：</td></tr>
<tr><td colspan="2">车牌号码：</td><td colspan="2">肇事司机：</td><td>司机电话：</td></tr>
<tr><td colspan="2">厂牌型号：</td><td colspan="2">驾驶证号码：</td><td>准驾车型：</td></tr>
<tr><td colspan="4">车辆 VIN 码：</td><td>车辆颜色：</td></tr>
<tr><td colspan="3">出险时间：　　年　　月　　日</td><td>联系人：</td><td>联系电话：</td></tr>
<tr><td colspan="5">出险地点：</td></tr>
<tr><td colspan="5">出险原因及经过：
被保险人 / 肇事司机签章：</td></tr>
<tr><td colspan="4">记录事故碰撞点、损失部位及初步处理意见：</td><td rowspan="7">现场草图：</td></tr>
<tr><td rowspan="8">标的损失确认</td><td>更换项目</td><td>核定金额</td><td>修理项目</td><td>核定金额</td></tr>
<tr><td></td><td></td><td></td><td></td></tr>
<tr><td></td><td></td><td></td><td></td></tr>
<tr><td></td><td></td><td></td><td></td></tr>
<tr><td></td><td></td><td></td><td></td></tr>
<tr><td></td><td></td><td></td><td></td></tr>
<tr><td>损失合计</td><td colspan="3"></td><td rowspan="11">被保险人声明：
1. 本人对上述情况认定属实，如有虚假，愿放弃保险的一切权利并承担法律责任。
2. 同意保险公司按现场查勘人员核定的修理价格及有关条款规定进行赔偿。
3. 本事故的保险赔款转入以下账户。
户名：
开户银行：
账号：
被保险人签章：
被保险人联系电话：
被保险人身份证号码：</td></tr>
<tr><td colspan="4">保险标的损失确认签名：</td></tr>
<tr><td rowspan="8">第三者信息及损失确认</td><td>车牌号</td><td></td><td>车型</td><td></td></tr>
<tr><td colspan="4">交强险保单及承保公司：</td></tr>
<tr><td>更换项目</td><td>核定金额</td><td>修理项目</td><td>核定金额</td></tr>
<tr><td></td><td></td><td></td><td></td></tr>
<tr><td></td><td></td><td></td><td></td></tr>
<tr><td></td><td></td><td></td><td></td></tr>
<tr><td>损失合计</td><td colspan="3"></td></tr>
<tr><td colspan="4">第三者损失确认签名及联系电话：</td></tr>
<tr><td colspan="5">查勘人签名：</td></tr>
</table>

（三）实施案例 3

根据教师给出的事故现场和出险信息完成查勘前的准备与现场查勘。

事故定损单

<table>
<tr><td rowspan="8">出险通知书</td><td colspan="4">被保险人：</td><td>保险单号：</td></tr>
<tr><td colspan="2">车牌号码：</td><td colspan="2">肇事司机：</td><td>司机电话：</td></tr>
<tr><td colspan="2">厂牌型号：</td><td colspan="2">驾驶证号码：</td><td>准驾车型：</td></tr>
<tr><td colspan="4">车辆 VIN 码：</td><td>车辆颜色：</td></tr>
<tr><td colspan="2">出险时间：　　年　　月　　日</td><td colspan="2">联系人：</td><td>联系电话：</td></tr>
<tr><td colspan="5">出险地点：</td></tr>
<tr><td colspan="5">出险原因及经过：
被保险人／肇事司机签章：</td></tr>
<tr><td colspan="4">记录事故碰撞点、损失部位及初步处理意见：</td><td rowspan="7">现场草图：</td></tr>
<tr><td rowspan="8">标的损失确认</td><td>更换项目</td><td>核定金额</td><td>修理项目</td><td>核定金额</td></tr>
<tr><td></td><td></td><td></td><td></td></tr>
<tr><td></td><td></td><td></td><td></td></tr>
<tr><td></td><td></td><td></td><td></td></tr>
<tr><td></td><td></td><td></td><td></td></tr>
<tr><td></td><td></td><td></td><td></td></tr>
<tr><td>损失合计</td><td colspan="3"></td><td rowspan="11">被保险人声明：
1. 本人对上述情况认定属实，如有虚假，愿放弃保险的一切权利并承担法律责任。
2. 同意保险公司按现场查勘人员核定的修理价格及有关条款规定进行赔偿。
3. 本事故的保险赔款转入以下账户。
户名：
开户银行：
账号：
被保险人签章：
被保险人联系电话：
被保险人身份证号码：</td></tr>
<tr><td colspan="4">保险标的损失确认签名：</td></tr>
<tr><td rowspan="8">第三者信息及损失确认</td><td>车牌号</td><td></td><td>车型</td><td></td></tr>
<tr><td colspan="4">交强险保单及承保公司：</td></tr>
<tr><td>更换项目</td><td>核定金额</td><td>修理项目</td><td>核定金额</td></tr>
<tr><td></td><td></td><td></td><td></td></tr>
<tr><td></td><td></td><td></td><td></td></tr>
<tr><td></td><td></td><td></td><td></td></tr>
<tr><td>损失合计</td><td colspan="3"></td></tr>
<tr><td colspan="4">第三者损失确认签名及联系电话：</td></tr>
<tr><td colspan="5">查勘人签名：</td></tr>
</table>

（四）实施案例 4

根据教师给出的事故现场和出险信息完成查勘前的准备与现场查勘。

事故定损单

<table>
<tr><td rowspan="8">出险通知书</td><td colspan="4">被保险人：</td><td>保险单号：</td></tr>
<tr><td colspan="2">车牌号码：</td><td colspan="2">肇事司机：</td><td>司机电话：</td></tr>
<tr><td colspan="2">厂牌型号：</td><td colspan="2">驾驶证号码：</td><td>准驾车型：</td></tr>
<tr><td colspan="4">车辆 VIN 码：</td><td>车辆颜色：</td></tr>
<tr><td colspan="3">出险时间：　　年　　月　　日</td><td>联系人：</td><td>联系电话：</td></tr>
<tr><td colspan="5">出险地点：</td></tr>
<tr><td colspan="5">出险原因及经过：
被保险人 / 肇事司机签章：</td></tr>
<tr><td colspan="4">记录事故碰撞点、损失部位及初步处理意见：</td><td rowspan="7">现场草图：</td></tr>
<tr><td rowspan="8">标的损失确认</td><td>更换项目</td><td>核定金额</td><td>修理项目</td><td>核定金额</td></tr>
<tr><td></td><td></td><td></td><td></td></tr>
<tr><td></td><td></td><td></td><td></td></tr>
<tr><td></td><td></td><td></td><td></td></tr>
<tr><td></td><td></td><td></td><td></td></tr>
<tr><td></td><td></td><td></td><td></td></tr>
<tr><td>损失合计</td><td colspan="3"></td><td rowspan="12">被保险人声明：
1. 本人对上述情况认定属实，如有虚假，愿放弃保险的一切权利并承担法律责任。
2. 同意保险公司按现场查勘人员核定的修理价格及有关条款规定进行赔偿。
3. 本事故的保险赔款转入以下账户。
户名：
开户银行：
账号：
被保险人签章：
被保险人联系电话：
被保险人身份证号码：</td></tr>
<tr><td colspan="4">保险标的损失确认签名：</td></tr>
<tr><td rowspan="9">第三者信息及损失确认</td><td>车牌号</td><td></td><td>车型</td><td></td></tr>
<tr><td colspan="4">交强险保单及承保公司：</td></tr>
<tr><td>更换项目</td><td>核定金额</td><td>修理项目</td><td>核定金额</td></tr>
<tr><td></td><td></td><td></td><td></td></tr>
<tr><td></td><td></td><td></td><td></td></tr>
<tr><td></td><td></td><td></td><td></td></tr>
<tr><td>损失合计</td><td colspan="3"></td></tr>
<tr><td colspan="4">第三者损失确认签名及联系电话：</td></tr>
<tr><td colspan="5">查勘人签名：</td></tr>
</table>

四、检查

（一）自检

结合本组任务实施过程，对任务执行过程中的规范性进行检查，检查实施过程中是否存在以下问题，分析讨论应如何避免并总结规范的工作方法（见表 9-2）。

表 9-2 自检

检查项目	检查结果
是否与客户进行联系沟通，确认事故详情	是□ 否□
是否在查勘前将物品准备妥当	是□ 否□
是否实际完成事故现场查勘	是□ 否□
是否对事故现场查勘情况和结果进行记录	是□ 否□

（二）互检

组与组之间相互进行任务实施过程及结果检查，并将检查结果填写在表 9-3 中。

表 9-3 互检

检查项目	检查结果
是否与客户进行联系沟通，确认事故详情	是□ 否□
是否在查勘前将物品准备妥当	是□ 否□
是否实际完成事故现场查勘	是□ 否□
是否对事故现场查勘情况和结果进行记录	是□ 否□

五、课堂小结

任务十　记录事故现场

<table>
<tr><th colspan="7">记录事故现场任务工单</th></tr>
<tr><td>客户信息</td><td>姓名</td><td colspan="2"></td><td>电话</td><td colspan="2"></td></tr>
<tr><td rowspan="2">车辆信息</td><td colspan="2">车型</td><td colspan="3">VIN 码</td><td>行驶里程</td></tr>
<tr><td colspan="2"></td><td colspan="3"></td><td></td></tr>
<tr><td>任务描述</td><td colspan="6">销售交强险 □　销售商业险主险 □　销售商业险附加险 □　制定投保方案 □
接听报案电话 □　现场查勘 □　记录事故现场 □　事故定损 □
理赔申请 □　赔款理算 □　承保 □
其他：</td></tr>
<tr><th colspan="3">车辆外观检查</th><th colspan="4">车辆内部检查</th></tr>
<tr><td>凹凸 □</td><td colspan="2" rowspan="4"></td><td>污渍 □</td><td colspan="3" rowspan="4"></td></tr>
<tr><td>划痕 □</td><td>破损 □</td></tr>
<tr><td>石击 □</td><td>色斑 □</td></tr>
<tr><td>油漆 □</td><td>变形 □</td></tr>
<tr><td>明确具体工作任务</td><td colspan="6"></td></tr>
</table>

任务目标

- 能够对事故现场情况、车辆受损情况进行拍摄
- 能够拍摄符合要求的事故相关照片
- 能够熟练掌握照片拍摄技巧

任务内容

- 按照流程、内容拍摄事故现场照片
- 照片拍摄的要求、内容和技巧

续表

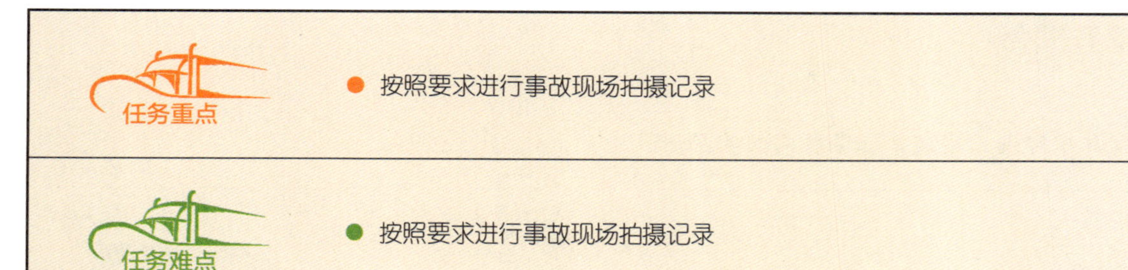

一、知识讲解

1. 记录事故现场

记录事故现场是指通过拍照取证的方式对事故现场进行记录并存档，将所拍摄的照片按照保险公司的要求进行上传与审核。

事故现场照片拍摄的要求见表 10–1。

表 10–1 事故现场照片拍摄要求

照片拍摄要求	具体内容
照片规格要求	照片规格要求为 640 像素 × 480 像素
照片时间要求	所有照片都要求包括年、月、日、时、分
照片内容要求	1. 前景照（前 45° 角） 2. 后景照（后 45° 角） 3. 远景照（反映车辆整体全貌基本情况） 4. 局部照（反映事故损失及碰撞处情况） 5. 细目照（反映受损部位最真实的情况） 6. 牌照号 7. 查勘员与车主合影照

2. 拍摄事故现场照片

拍摄事故现场照片时有以下几种拍摄方法，见表 10–2。

表 10–2 事故现场照片拍摄方法

拍摄方法	具体内容
连续拍摄法	指在现场进行分段、分片拍摄，然后把所有拍摄的照片打印拼成一张来反映现场情况
相向拍摄法	指在相对角度进行拍摄，更能反映现场中心情况
比例拍摄法	指将尺子或其他参照物放在受损物体旁边一起拍照，常用于碎片、小物体拍摄，采用该方法可反映出物体实际大小
十字交叉法	指在四个不同方位进行拍摄，能准确地反映出现场中心情况

二、任务准备

在下列图片中勾选出完成本任务所需的物品。

事故定损单	交强险保单	商业险保单	行驶证
驾驶证	身份证	教学用车（2 台）	相机

三、任务分配（见表 10-3）

表 10-3　任务分配表

职务	代码	姓名	工作内容
组长	A		监督、管理组员工作
组员	B		准备实训资料
	C		
	D		领取所需物品
	E		

四、任务实施

对任务八中的四个案例事故现场的情况进行拍照记录，并将所拍摄的照片以电子版的形式上传。

五、检查

（一）自检

结合本组任务实施过程，对任务执行过程中的规范性进行检查，检查实施过程中是否存在以下问题，分析讨论应如何避免并总结规范的工作方法（见表 10–4）。

表 10–4 自检

检查项目	检查结果
是否正确使用相机进行事故现场照片拍摄	是□ 否□
是否按照要求进行照片拍摄	是□ 否□
照片拍摄的内容是否全面	是□ 否□

（二）互检

组与组之间相互进行任务实施过程及结果检查，并将检查结果填写在表 10–5 中。

表 10–5 互检

检查项目	检查结果
是否正确使用相机进行事故现场照片拍摄	是□ 否□
是否按照要求进行照片拍摄	是□ 否□
照片拍摄的内容是否全面	是□ 否□

六、课堂小结

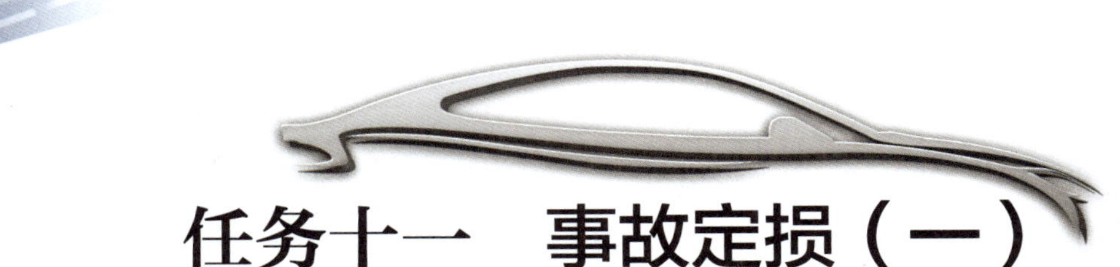

任务十一　事故定损（一）

<table>
<tr><th colspan="6">事故定损（一）——事故损失判断任务工单</th></tr>
<tr><td>客户信息</td><td>姓名</td><td colspan="2"></td><td>电话</td><td></td></tr>
<tr><td rowspan="2">车辆信息</td><td colspan="2">车型</td><td colspan="2">VIN 码</td><td>行驶里程</td></tr>
<tr><td colspan="2"></td><td colspan="2"></td><td></td></tr>
<tr><td>任务描述</td><td colspan="5">销售交强险 □　销售商业险主险 □　销售商业险附加险 □　制定投保方案 □
接听报案电话 □　现场查勘 □　记录事故现场 □　事故定损 □
理赔申请 □　赔款理算 □　承保 □
其他：</td></tr>
<tr><th colspan="3">车辆外观检查</th><th colspan="3">车辆内部检查</th></tr>
<tr><td>凹凸 □</td><td colspan="2" rowspan="4"></td><td>污渍 □</td><td colspan="2" rowspan="4"></td></tr>
<tr><td>划痕 □</td><td>破损 □</td></tr>
<tr><td>石击 □</td><td>色斑 □</td></tr>
<tr><td>油漆 □</td><td>变形 □</td></tr>
<tr><td>明确具体工作任务</td><td colspan="5"></td></tr>
</table>

任务目标

- 能够为事故车辆确定损失
- 能够为客户车辆损失选择适合的维修方案
- 能够为客户预估维修费用
- 能够填写事故定损单

续表

	● 判断车辆事故损失 ● 为客户选择适合的维修方案 ● 预估维修费用 ● 填写事故定损单
	● 事故定损的方法和流程 ● 损失的确认和维修费用的预估 ● 填写事故定损单
	● 实际为客户定损

一、知识讲解

1. 事故定损

（1）事故定损的方式有协商定损、公估定损、专家定损、合作定损。

（2）事故损失的分类见表 11–1。

表 11–1　事故损失的分类

损失类型	具体内容
人员伤亡	交通事故中由于发生人员碰撞伤亡所遭受的经济损失
车辆损失	发生事故的车辆由于碰撞等原因所造成的损失
施救费用	发生保险事故时，被保险人为防止或减少被保险机动车的损失所支付的必要的、合理的施救费用
其他财产损失	除去车辆损失和人员伤亡外的其他财物损失，如货物、公共财产等

（3）事故定损的类型有以下两种。

1）查勘定损：直接出具定损单。

2）约定定损：跟踪定损结果出具定损单。

（4）事故定损的原则是：定损和修理的范围仅限本次事故所造成的损失；能够修理的零部件坚持修理，绝不更换；能够进行局部修理的，绝不整体修理；能够更换零部件的，绝不更换总成；定损价格应根据当地的维修行业标准和市场情况准确判断；车辆维修完毕，要达到原有的性能和状态；在定损过程中要遵循定损原则，超出权限时应及时上报。

2. 车辆损失定损的标准（见表 11-2）

表 11-2　车辆损失定损的标准

车辆维修方案	相关标准
更换相关项目	适用于无法修复的零部件、工艺上不可修复的零部件、安装上不允许修理的零部件、无修复价值的零部件
维修相关项目	根据汽车修理标准，恢复本次事故中所造成的车辆损失，使损失项目恢复原有的正常使用性能
拆装相关项目	根据不同零部件及其损失项目的需要，将其及相关部位进行拆装
待查相关项目	在车辆查勘定损中，会有一些零部件无法用肉眼或经验来确定其是否受损，是否达到应更换的程度，甚至在车辆未完全修复前，对于单独零部件无法检查，需要后续跟踪检验进而确定维修方案

3. 车辆定损维修费用的构成（见表 11-3）

表 11-3　车辆定损维修费用的构成

费用构成	内容
工时费	拆装配件、更换配件、维修配件、钣金整形、喷漆
材料费	原厂配件、外购配件、油漆辅料
其他费用	施救费、残值费

二、任务准备

在下列图片中勾选出完成本任务所需的物品。

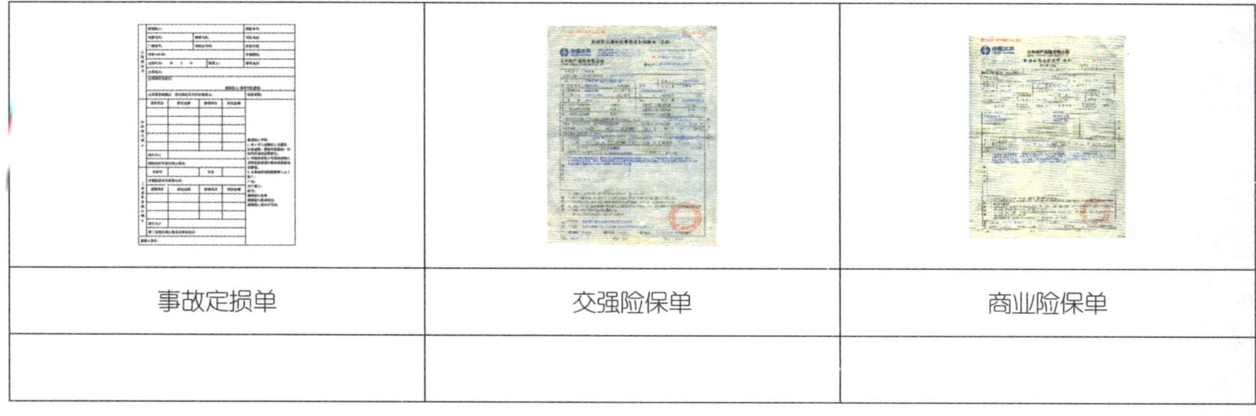

事故定损单	交强险保单	商业险保单

机动车行驶证	机动车驾驶证	
行驶证	驾驶证	身份证

教学用车（2 台）	黑色签字笔

三、任务分配（见表 11-4）

表 11-4 任务分配表

职务	代码	姓名	工作内容
组长	A		监督、管理组员工作
组员	B		准备实训资料
	C		
	D		领取所需物品
	E		

四、任务实施

（一）实施案例 1

根据教师给出的事故现场进行事故车辆定损，并填写事故定损单。

事故定损单

<table>
<tr><td rowspan="8">出险通知书</td><td colspan="4">被保险人：</td><td>保险单号：</td></tr>
<tr><td colspan="2">车牌号码：</td><td colspan="2">肇事司机：</td><td>司机电话：</td></tr>
<tr><td colspan="2">厂牌型号：</td><td colspan="2">驾驶证号码：</td><td>准驾车型：</td></tr>
<tr><td colspan="4">车辆 VIN 码：</td><td>车辆颜色：</td></tr>
<tr><td colspan="2">出险时间：　　年　　月　　日</td><td colspan="2">联系人：</td><td>联系电话：</td></tr>
<tr><td colspan="5">出险地点：</td></tr>
<tr><td colspan="5">出险原因及经过：
被保险人 / 肇事司机签章：</td></tr>
<tr><td colspan="4">记录事故碰撞点、损失部位及初步处理意见：</td><td rowspan="7">现场草图：</td></tr>
<tr><td rowspan="8">标的损失确认</td><td>更换项目</td><td>核定金额</td><td>修理项目</td><td>核定金额</td></tr>
<tr><td></td><td></td><td></td><td></td></tr>
<tr><td></td><td></td><td></td><td></td></tr>
<tr><td></td><td></td><td></td><td></td></tr>
<tr><td></td><td></td><td></td><td></td></tr>
<tr><td></td><td></td><td></td><td></td></tr>
<tr><td>损失合计</td><td colspan="3"></td><td rowspan="11">被保险人声明：
1. 本人对上述情况认定属实，如有虚假，愿放弃保险的一切权利并承担法律责任。
2. 同意保险公司按现场查勘人员核定的修理价格及有关条款规定进行赔偿。
3. 本事故的保险赔款转入以下账户。
户名：
开户银行：
账号：
被保险人签章：
被保险人联系电话：
被保险人身份证号码：</td></tr>
<tr><td colspan="4">保险标的损失确认签名：</td></tr>
<tr><td rowspan="8">第三者信息及损失确认</td><td>车牌号</td><td></td><td>车型</td><td></td></tr>
<tr><td colspan="4">交强险保单及承保公司：</td></tr>
<tr><td>更换项目</td><td>核定金额</td><td>修理项目</td><td>核定金额</td></tr>
<tr><td></td><td></td><td></td><td></td></tr>
<tr><td></td><td></td><td></td><td></td></tr>
<tr><td></td><td></td><td></td><td></td></tr>
<tr><td>损失合计</td><td colspan="3"></td></tr>
<tr><td colspan="4">第三者损失确认签名及联系电话：</td></tr>
<tr><td colspan="5">查勘人签名：</td></tr>
</table>

（二）实施案例 2

根据教师给出的事故现场进行事故车辆定损，并填写事故定损单。

事故定损单

<table>
<tr><td rowspan="8">出险通知书</td><td colspan="4">被保险人：</td><td>保险单号：</td></tr>
<tr><td colspan="2">车牌号码：</td><td colspan="2">肇事司机：</td><td>司机电话：</td></tr>
<tr><td colspan="2">厂牌型号：</td><td colspan="2">驾驶证号码：</td><td>准驾车型：</td></tr>
<tr><td colspan="4">车辆 VIN 码：</td><td>车辆颜色：</td></tr>
<tr><td colspan="3">出险时间：　　年　　月　　日</td><td>联系人：</td><td>联系电话：</td></tr>
<tr><td colspan="5">出险地点：</td></tr>
<tr><td colspan="5">出险原因及经过：
被保险人 / 肇事司机签章：</td></tr>
<tr><td colspan="4">记录事故碰撞点、损失部位及初步处理意见：</td><td rowspan="7">现场草图：</td></tr>
<tr><td rowspan="8">标的损失确认</td><td>更换项目</td><td>核定金额</td><td>修理项目</td><td>核定金额</td></tr>
<tr><td></td><td></td><td></td><td></td></tr>
<tr><td></td><td></td><td></td><td></td></tr>
<tr><td></td><td></td><td></td><td></td></tr>
<tr><td></td><td></td><td></td><td></td></tr>
<tr><td></td><td></td><td></td><td></td></tr>
<tr><td>损失合计</td><td colspan="3"></td><td rowspan="11">被保险人声明：
1. 本人对上述情况认定属实，如有虚假，愿放弃保险的一切权利并承担法律责任。
2. 同意保险公司按现场查勘人员核定的修理价格及有关条款规定进行赔偿。
3. 本事故的保险赔款转入以下账户。
户名：
开户银行：
账号：
被保险人签章：
被保险人联系电话：
被保险人身份证号码：</td></tr>
<tr><td colspan="4">保险标的损失确认签名：</td></tr>
<tr><td rowspan="8">第三者信息及损失确认</td><td>车牌号</td><td></td><td>车型</td><td></td></tr>
<tr><td colspan="4">交强险保单及承保公司：</td></tr>
<tr><td>更换项目</td><td>核定金额</td><td>修理项目</td><td>核定金额</td></tr>
<tr><td></td><td></td><td></td><td></td></tr>
<tr><td></td><td></td><td></td><td></td></tr>
<tr><td></td><td></td><td></td><td></td></tr>
<tr><td>损失合计</td><td colspan="3"></td></tr>
<tr><td colspan="4">第三者损失确认签名及联系电话：</td></tr>
<tr><td colspan="5">查勘人签名：</td></tr>
</table>

（三）实施案例 3

根据教师给出的事故现场进行事故车辆定损，并填写事故定损单。

事故定损单

<table>
<tr><td rowspan="8">出险通知书</td><td colspan="4">被保险人：</td><td>保险单号：</td></tr>
<tr><td colspan="2">车牌号码：</td><td colspan="2">肇事司机：</td><td>司机电话：</td></tr>
<tr><td colspan="2">厂牌型号：</td><td colspan="2">驾驶证号码：</td><td>准驾车型：</td></tr>
<tr><td colspan="4">车辆 VIN 码：</td><td>车辆颜色：</td></tr>
<tr><td colspan="2">出险时间：　　年　　月　　日</td><td colspan="2">联系人：</td><td>联系电话：</td></tr>
<tr><td colspan="5">出险地点：</td></tr>
<tr><td colspan="5">出险原因及经过：
被保险人 / 肇事司机签章：</td></tr>
<tr><td colspan="4">记录事故碰撞点、损失部位及初步处理意见：</td><td rowspan="7">现场草图：</td></tr>
<tr><td rowspan="8">标的损失确认</td><td>更换项目</td><td>核定金额</td><td>修理项目</td><td>核定金额</td></tr>
<tr><td></td><td></td><td></td><td></td></tr>
<tr><td></td><td></td><td></td><td></td></tr>
<tr><td></td><td></td><td></td><td></td></tr>
<tr><td></td><td></td><td></td><td></td></tr>
<tr><td></td><td></td><td></td><td></td></tr>
<tr><td>损失合计</td><td colspan="3"></td><td rowspan="11">被保险人声明：
1. 本人对上述情况认定属实，如有虚假，愿放弃保险的一切权利并承担法律责任。
2. 同意保险公司按现场查勘人员核定的修理价格及有关条款规定进行赔偿。
3. 本事故的保险赔款转入以下账户。
户名：
开户银行：
账号：
被保险人签章：
被保险人联系电话：
被保险人身份证号码：</td></tr>
<tr><td colspan="4">保险标的损失确认签名：</td></tr>
<tr><td rowspan="8">第三者信息及损失确认</td><td>车牌号</td><td></td><td>车型</td><td></td></tr>
<tr><td colspan="4">交强险保单及承保公司：</td></tr>
<tr><td>更换项目</td><td>核定金额</td><td>修理项目</td><td>核定金额</td></tr>
<tr><td></td><td></td><td></td><td></td></tr>
<tr><td></td><td></td><td></td><td></td></tr>
<tr><td></td><td></td><td></td><td></td></tr>
<tr><td>损失合计</td><td colspan="3"></td></tr>
<tr><td colspan="4">第三者损失确认签名及联系电话：</td></tr>
<tr><td colspan="5">查勘人签名：</td></tr>
</table>

（四）实施案例 4

根据教师给出的事故现场进行事故车辆定损，并填写事故定损单。

事故定损单

<table>
<tr><td rowspan="8">出险通知书</td><td colspan="4">被保险人：</td><td>保险单号：</td></tr>
<tr><td colspan="2">车牌号码：</td><td colspan="2">肇事司机：</td><td>司机电话：</td></tr>
<tr><td colspan="2">厂牌型号：</td><td colspan="2">驾驶证号码：</td><td>准驾车型：</td></tr>
<tr><td colspan="4">车辆 VIN 码：</td><td>车辆颜色：</td></tr>
<tr><td colspan="2">出险时间：　　年　　月　　日</td><td colspan="2">联系人：</td><td>联系电话：</td></tr>
<tr><td colspan="5">出险地点：</td></tr>
<tr><td colspan="5">出险原因及经过：
被保险人 / 肇事司机签章：</td></tr>
<tr><td colspan="4">记录事故碰撞点、损失部位及初步处理意见：</td><td rowspan="7">现场草图：</td></tr>
<tr><td rowspan="8">标的损失确认</td><td>更换项目</td><td>核定金额</td><td>修理项目</td><td>核定金额</td></tr>
<tr><td></td><td></td><td></td><td></td></tr>
<tr><td></td><td></td><td></td><td></td></tr>
<tr><td></td><td></td><td></td><td></td></tr>
<tr><td></td><td></td><td></td><td></td></tr>
<tr><td></td><td></td><td></td><td></td></tr>
<tr><td>损失合计</td><td colspan="3"></td><td rowspan="11">被保险人声明：
1. 本人对上述情况认定属实，如有虚假，愿放弃保险的一切权利并承担法律责任。
2. 同意保险公司按现场查勘人员核定的修理价格及有关条款规定进行赔偿。
3. 本事故的保险赔款转入以下账户。
户名：
开户银行：
账号：
被保险人签章：
被保险人联系电话：
被保险人身份证号码：</td></tr>
<tr><td colspan="4">保险标的损失确认签名：</td></tr>
<tr><td rowspan="8">第三者信息及损失确认</td><td>车牌号</td><td></td><td>车型</td><td></td></tr>
<tr><td colspan="4">交强险保单及承保公司：</td></tr>
<tr><td>更换项目</td><td>核定金额</td><td>修理项目</td><td>核定金额</td></tr>
<tr><td></td><td></td><td></td><td></td></tr>
<tr><td></td><td></td><td></td><td></td></tr>
<tr><td></td><td></td><td></td><td></td></tr>
<tr><td>损失合计</td><td colspan="3"></td></tr>
<tr><td colspan="4">第三者损失确认签名及联系电话：</td></tr>
<tr><td colspan="5">查勘人签名：</td></tr>
</table>

（五）实施案例 5

根据教师给出的事故现场进行事故车辆定损，并填写事故定损单。

事故定损单

<table>
<tr><td rowspan="8">出险通知书</td><td colspan="4">被保险人：</td><td>保险单号：</td></tr>
<tr><td colspan="2">车牌号码：</td><td colspan="2">肇事司机：</td><td>司机电话：</td></tr>
<tr><td colspan="2">厂牌型号：</td><td colspan="2">驾驶证号码：</td><td>准驾车型：</td></tr>
<tr><td colspan="4">车辆 VIN 码：</td><td>车辆颜色：</td></tr>
<tr><td colspan="2">出险时间：　　年　　月　　日</td><td colspan="2">联系人：</td><td>联系电话：</td></tr>
<tr><td colspan="5">出险地点：</td></tr>
<tr><td colspan="5">出险原因及经过：
被保险人 / 肇事司机签章：</td></tr>
<tr><td colspan="4">记录事故碰撞点、损失部位及初步处理意见：</td><td rowspan="7">现场草图：</td></tr>
<tr><td rowspan="8">标的损失确认</td><td>更换项目</td><td>核定金额</td><td>修理项目</td><td>核定金额</td></tr>
<tr><td></td><td></td><td></td><td></td></tr>
<tr><td></td><td></td><td></td><td></td></tr>
<tr><td></td><td></td><td></td><td></td></tr>
<tr><td></td><td></td><td></td><td></td></tr>
<tr><td></td><td></td><td></td><td></td></tr>
<tr><td>损失合计</td><td colspan="3"></td><td rowspan="11">被保险人声明：
1. 本人对上述情况认定属实，如有虚假，愿放弃保险的一切权利并承担法律责任。
2. 同意保险公司按现场查勘人员核定的修理价格及有关条款规定进行赔偿。
3. 本事故的保险赔款转入以下账户。
户名：
开户银行：
账号：
被保险人签章：
被保险人联系电话：
被保险人身份证号码：</td></tr>
<tr><td colspan="4">保险标的损失确认签名：</td></tr>
<tr><td rowspan="8">第三者信息及损失确认</td><td>车牌号</td><td></td><td>车型</td><td></td></tr>
<tr><td colspan="4">交强险保单及承保公司：</td></tr>
<tr><td>更换项目</td><td>核定金额</td><td>修理项目</td><td>核定金额</td></tr>
<tr><td></td><td></td><td></td><td></td></tr>
<tr><td></td><td></td><td></td><td></td></tr>
<tr><td></td><td></td><td></td><td></td></tr>
<tr><td>损失合计</td><td colspan="3"></td></tr>
<tr><td colspan="4">第三者损失确认签名及联系电话：</td></tr>
<tr><td colspan="5">查勘人签名：</td></tr>
</table>

五、检查

（一）自检

结合本组任务实施过程，对任务执行过程中的规范性进行检查，检查实施过程中是否存在以下问题，分析讨论应如何避免并总结规范的工作方法（见表 11–5）。

表 11–5 自检

检查项目	检查结果
是否正确判断事故损失	是 □ 否 □
是否选择恰当的维修方案	是 □ 否 □
是否对事故维修费用进行正确的预估	是 □ 否 □

（二）互检

组与组之间相互进行任务实施过程及结果检查，并将检查结果填写在表 11–6 中。

表 11–6 互检

检查项目	检查结果
是否正确判断事故损失	是 □ 否 □
是否选择恰当的维修方案	是 □ 否 □
是否对事故维修费用进行正确的预估	是 □ 否 □

六、课堂小结

____

____

____

任务十二　事故定损（二）

事故定损（二）——维修费用预估与定损单填写任务工单							
客户信息	姓名			电话			
车辆信息	车型		VIN 码			行驶里程	
任务描述	销售交强险 □		销售商业险主险 □		销售商业险附加险 □		制定投保方案 □
	接听报案电话 □		现场查勘 □		记录事故现场 □		事故定损 □
	理赔申请 □		赔款理算 □		承保 □		
	其他：						

车辆外观检查		车辆内部检查	
凹凸 □		污渍 □	
划痕 □		破损 □	
石击 □		色斑 □	
油漆 □		变形 □	

明确具体工作任务	

任务目标

- 能够为事故车辆确定损失
- 能够为客户车辆损失选择适合的维修方案
- 能够为客户预估维修费用
- 能够实际填写事故定损单

续表

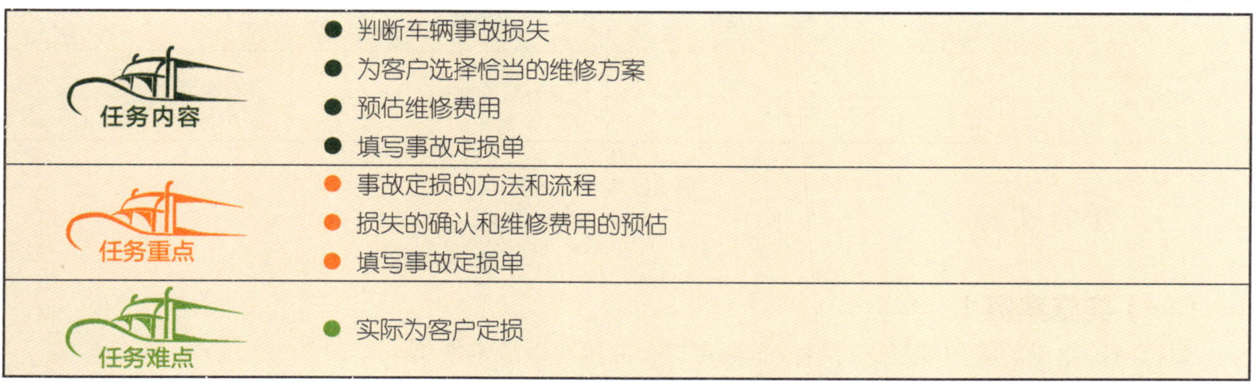

任务内容	● 判断车辆事故损失 ● 为客户选择恰当的维修方案 ● 预估维修费用 ● 填写事故定损单
任务重点	● 事故定损的方法和流程 ● 损失的确认和维修费用的预估 ● 填写事故定损单
任务难点	● 实际为客户定损

一、任务准备

在下列图片中勾选出完成本任务所需的物品。

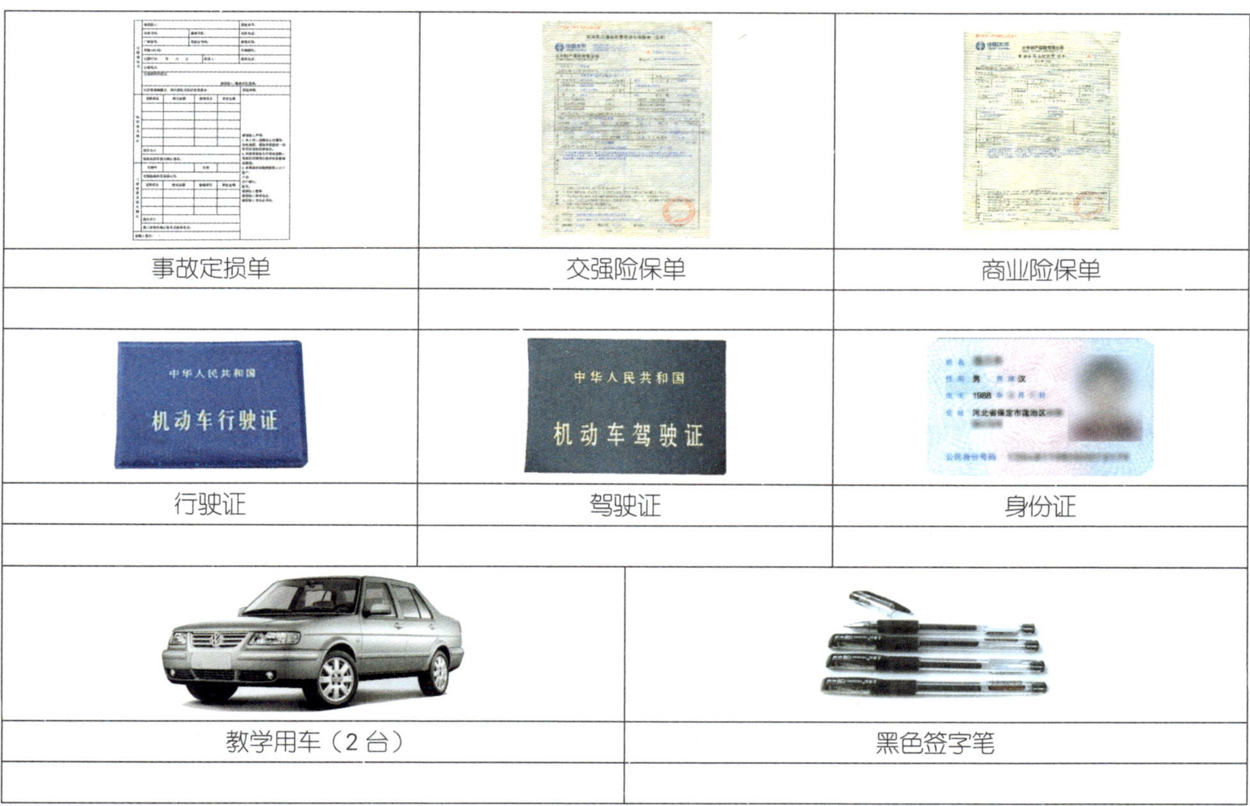

事故定损单	交强险保单	商业险保单
行驶证	驾驶证	身份证

教学用车（2台）	黑色签字笔

二、任务分配（见表 12-1）

表 12-1 任务分配表

职务	代码	姓名	工作内容
组长	A		监督、管理组员工作
组员	B		准备实训资料
	C		

续表

职务	代码	姓名	工作内容
组员	D		领取所需物品
	E		

三、任务实施

（一）实施案例 1

根据教师给出的事故现场进行事故车辆定损，并填写事故定损单。

事故定损单

<table>
<tr><td rowspan="8">出险通知书</td><td colspan="4">被保险人：</td><td>保险单号：</td></tr>
<tr><td colspan="2">车牌号码：</td><td colspan="2">肇事司机：</td><td>司机电话：</td></tr>
<tr><td colspan="2">厂牌型号：</td><td colspan="2">驾驶证号码：</td><td>准驾车型：</td></tr>
<tr><td colspan="4">车辆 VIN 码：</td><td>车辆颜色：</td></tr>
<tr><td colspan="2">出险时间：　　年　　月　　日</td><td colspan="2">联系人：</td><td>联系电话：</td></tr>
<tr><td colspan="5">出险地点：</td></tr>
<tr><td colspan="5">出险原因及经过：
被保险人 / 肇事司机签章：</td></tr>
<tr><td colspan="4">记录事故碰撞点、损失部位及初步处理意见：</td><td rowspan="7">现场草图：</td></tr>
<tr><td rowspan="8">标的损失确认</td><td>更换项目</td><td>核定金额</td><td>修理项目</td><td>核定金额</td></tr>
<tr><td></td><td></td><td></td><td></td></tr>
<tr><td></td><td></td><td></td><td></td></tr>
<tr><td></td><td></td><td></td><td></td></tr>
<tr><td></td><td></td><td></td><td></td></tr>
<tr><td></td><td></td><td></td><td></td></tr>
<tr><td>损失合计</td><td colspan="3"></td><td rowspan="12">被保险人声明：
1. 本人对上述情况认定属实，如有虚假，愿放弃保险的一切权利并承担法律责任。
2. 同意保险公司按现场查勘人员核定的修理价格及有关条款规定进行赔偿。
3. 本事故的保险赔款转入以下账户。
户名：
开户银行：
账号：
被保险人签章：
被保险人联系电话：
被保险人身份证号码：</td></tr>
<tr><td colspan="4">保险标的损失确认签名：</td></tr>
<tr><td rowspan="8">第三者信息及损失确认</td><td>车牌号</td><td></td><td>车型</td><td></td></tr>
<tr><td colspan="4">交强险保单及承保公司：</td></tr>
<tr><td>更换项目</td><td>核定金额</td><td>修理项目</td><td>核定金额</td></tr>
<tr><td></td><td></td><td></td><td></td></tr>
<tr><td></td><td></td><td></td><td></td></tr>
<tr><td></td><td></td><td></td><td></td></tr>
<tr><td>损失合计</td><td colspan="3"></td></tr>
<tr><td colspan="4">第三者损失确认签名及联系电话：</td></tr>
<tr><td colspan="5">查勘人签名：</td></tr>
</table>

（二）实施案例 2

根据教师给出的事故现场进行事故车辆定损，并填写事故定损单。

事故定损单

<table>
<tr><td rowspan="8">出险通知书</td><td colspan="4">被保险人：</td><td>保险单号：</td></tr>
<tr><td colspan="2">车牌号码：</td><td colspan="2">肇事司机：</td><td>司机电话：</td></tr>
<tr><td colspan="2">厂牌型号：</td><td colspan="2">驾驶证号码：</td><td>准驾车型：</td></tr>
<tr><td colspan="4">车辆 VIN 码：</td><td>车辆颜色：</td></tr>
<tr><td colspan="2">出险时间：　　年　　月　　日</td><td colspan="2">联系人：</td><td>联系电话：</td></tr>
<tr><td colspan="5">出险地点：</td></tr>
<tr><td colspan="5">出险原因及经过：
被保险人 / 肇事司机签章：</td></tr>
<tr><td colspan="4">记录事故碰撞点、损失部位及初步处理意见：</td><td rowspan="7">现场草图：</td></tr>
<tr><td rowspan="8">标的损失确认</td><td>更换项目</td><td>核定金额</td><td>修理项目</td><td>核定金额</td></tr>
<tr><td></td><td></td><td></td><td></td></tr>
<tr><td></td><td></td><td></td><td></td></tr>
<tr><td></td><td></td><td></td><td></td></tr>
<tr><td></td><td></td><td></td><td></td></tr>
<tr><td></td><td></td><td></td><td></td></tr>
<tr><td>损失合计</td><td colspan="3"></td><td rowspan="10">被保险人声明：
1. 本人对上述情况认定属实，如有虚假，愿放弃保险的一切权利并承担法律责任。
2. 同意保险公司按现场查勘人员核定的修理价格及有关条款规定进行赔偿。
3. 本事故的保险赔款转入以下账户。
户名：
开户银行：
账号：
被保险人签章：
被保险人联系电话：
被保险人身份证号码：</td></tr>
<tr><td colspan="4">保险标的损失确认签名：</td></tr>
<tr><td rowspan="8">第三者信息及损失确认</td><td>车牌号</td><td></td><td>车型</td><td></td></tr>
<tr><td colspan="4">交强险保单及承保公司：</td></tr>
<tr><td>更换项目</td><td>核定金额</td><td>修理项目</td><td>核定金额</td></tr>
<tr><td></td><td></td><td></td><td></td></tr>
<tr><td></td><td></td><td></td><td></td></tr>
<tr><td></td><td></td><td></td><td></td></tr>
<tr><td>损失合计</td><td colspan="3"></td></tr>
<tr><td colspan="4">第三者损失确认签名及联系电话：</td></tr>
<tr><td colspan="5">查勘人签名：</td></tr>
</table>

（三）实施案例 3

根据教师给出的事故现场进行事故车辆定损，并填写事故定损单。

事故定损单

<table>
<tr><td rowspan="8">出险通知书</td><td colspan="4">被保险人：</td><td>保险单号：</td></tr>
<tr><td>车牌号码：</td><td colspan="3">肇事司机：</td><td>司机电话：</td></tr>
<tr><td>厂牌型号：</td><td colspan="3">驾驶证号码：</td><td>准驾车型：</td></tr>
<tr><td colspan="4">车辆 VIN 码：</td><td>车辆颜色：</td></tr>
<tr><td colspan="2">出险时间：　　年　　月　　日</td><td colspan="2">联系人：</td><td>联系电话：</td></tr>
<tr><td colspan="5">出险地点：</td></tr>
<tr><td colspan="5">出险原因及经过：

被保险人 / 肇事司机签章：</td></tr>
<tr><td colspan="4">记录事故碰撞点、损失部位及初步处理意见：</td><td rowspan="7">现场草图：</td></tr>
<tr><td rowspan="8">标的损失确认</td><td>更换项目</td><td>核定金额</td><td>修理项目</td><td>核定金额</td></tr>
<tr><td></td><td></td><td></td><td></td></tr>
<tr><td></td><td></td><td></td><td></td></tr>
<tr><td></td><td></td><td></td><td></td></tr>
<tr><td></td><td></td><td></td><td></td></tr>
<tr><td></td><td></td><td></td><td></td></tr>
<tr><td>损失合计</td><td colspan="3"></td><td rowspan="10">被保险人声明：
1. 本人对上述情况认定属实，如有虚假，愿放弃保险的一切权利并承担法律责任。
2. 同意保险公司按现场查勘人员核定的修理价格及有关条款规定进行赔偿。
3. 本事故的保险赔款转入以下账户。
户名：
开户银行：
账号：
被保险人签章：
被保险人联系电话：
被保险人身份证号码：</td></tr>
<tr><td colspan="4">保险标的损失确认签名：</td></tr>
<tr><td rowspan="8">第三者信息及损失确认</td><td>车牌号</td><td></td><td>车型</td><td></td></tr>
<tr><td colspan="4">交强险保单及承保公司：</td></tr>
<tr><td>更换项目</td><td>核定金额</td><td>修理项目</td><td>核定金额</td></tr>
<tr><td></td><td></td><td></td><td></td></tr>
<tr><td></td><td></td><td></td><td></td></tr>
<tr><td></td><td></td><td></td><td></td></tr>
<tr><td>损失合计</td><td colspan="3"></td></tr>
<tr><td colspan="4">第三者损失确认签名及联系电话：</td></tr>
<tr><td colspan="5">查勘人签名：</td></tr>
</table>

（四）实施案例 4

根据教师给出的事故现场进行事故车辆定损，并填写事故定损单。

事故定损单

<table>
<tr><td rowspan="8">出险通知书</td><td colspan="4">被保险人：</td><td>保险单号：</td></tr>
<tr><td colspan="2">车牌号码：</td><td colspan="2">肇事司机：</td><td>司机电话：</td></tr>
<tr><td colspan="2">厂牌型号：</td><td colspan="2">驾驶证号码：</td><td>准驾车型：</td></tr>
<tr><td colspan="4">车辆 VIN 码：</td><td>车辆颜色：</td></tr>
<tr><td colspan="2">出险时间：　年　月　日</td><td colspan="2">联系人：</td><td>联系电话：</td></tr>
<tr><td colspan="5">出险地点：</td></tr>
<tr><td colspan="5">出险原因及经过：
被保险人 / 肇事司机签章：</td></tr>
<tr><td colspan="4">记录事故碰撞点、损失部位及初步处理意见：</td><td rowspan="7">现场草图：</td></tr>
<tr><td rowspan="8">标的损失确认</td><td>更换项目</td><td>核定金额</td><td>修理项目</td><td>核定金额</td></tr>
<tr><td></td><td></td><td></td><td></td></tr>
<tr><td></td><td></td><td></td><td></td></tr>
<tr><td></td><td></td><td></td><td></td></tr>
<tr><td></td><td></td><td></td><td></td></tr>
<tr><td></td><td></td><td></td><td></td></tr>
<tr><td>损失合计</td><td colspan="3"></td><td rowspan="11">被保险人声明：
1. 本人对上述情况认定属实，如有虚假，愿放弃保险的一切权利并承担法律责任。
2. 同意保险公司按现场查勘人员核定的修理价格及有关条款规定进行赔偿。
3. 本事故的保险赔款转入以下账户。
户名：
开户银行：
账号：
被保险人签章：
被保险人联系电话：
被保险人身份证号码：</td></tr>
<tr><td colspan="4">保险标的损失确认签名：</td></tr>
<tr><td rowspan="8">第三者信息及损失确认</td><td>车牌号</td><td></td><td>车型</td><td></td></tr>
<tr><td colspan="4">交强险保单及承保公司：</td></tr>
<tr><td>更换项目</td><td>核定金额</td><td>修理项目</td><td>核定金额</td></tr>
<tr><td></td><td></td><td></td><td></td></tr>
<tr><td></td><td></td><td></td><td></td></tr>
<tr><td></td><td></td><td></td><td></td></tr>
<tr><td>损失合计</td><td colspan="3"></td></tr>
<tr><td colspan="4">第三者损失确认签名及联系电话：</td></tr>
<tr><td colspan="5">查勘人签名：</td></tr>
</table>

（五）实施案例 5

根据教师给出的事故现场进行事故车辆定损，并填写事故定损单。

事故定损单

<table>
<tr><td rowspan="8">出险通知书</td><td colspan="4">被保险人：</td><td>保险单号：</td></tr>
<tr><td colspan="2">车牌号码：</td><td colspan="2">肇事司机：</td><td>司机电话：</td></tr>
<tr><td colspan="2">厂牌型号：</td><td colspan="2">驾驶证号码：</td><td>准驾车型：</td></tr>
<tr><td colspan="4">车辆 VIN 码：</td><td>车辆颜色：</td></tr>
<tr><td colspan="2">出险时间： 年 月 日</td><td colspan="2">联系人：</td><td>联系电话：</td></tr>
<tr><td colspan="5">出险地点：</td></tr>
<tr><td colspan="5">出险原因及经过：
被保险人 / 肇事司机签章：</td></tr>
<tr><td colspan="4">记录事故碰撞点、损失部位及初步处理意见：</td><td rowspan="7">现场草图：</td></tr>
<tr><td rowspan="8">标的损失确认</td><td>更换项目</td><td>核定金额</td><td>修理项目</td><td>核定金额</td></tr>
<tr><td></td><td></td><td></td><td></td></tr>
<tr><td></td><td></td><td></td><td></td></tr>
<tr><td></td><td></td><td></td><td></td></tr>
<tr><td></td><td></td><td></td><td></td></tr>
<tr><td></td><td></td><td></td><td></td></tr>
<tr><td>损失合计</td><td colspan="3"></td><td rowspan="11">被保险人声明：
1. 本人对上述情况认定属实，如有虚假，愿放弃保险的一切权利并承担法律责任。
2. 同意保险公司按现场查勘人员核定的修理价格及有关条款规定进行赔偿。
3. 本事故的保险赔款转入以下账户。
户名：
开户银行：
账号：
被保险人签章：
被保险人联系电话：
被保险人身份证号码：</td></tr>
<tr><td colspan="4">保险标的损失确认签名：</td></tr>
<tr><td rowspan="8">第三者信息及损失确认</td><td>车牌号</td><td></td><td>车型</td><td></td></tr>
<tr><td colspan="4">交强险保单及承保公司：</td></tr>
<tr><td>更换项目</td><td>核定金额</td><td>修理项目</td><td>核定金额</td></tr>
<tr><td></td><td></td><td></td><td></td></tr>
<tr><td></td><td></td><td></td><td></td></tr>
<tr><td></td><td></td><td></td><td></td></tr>
<tr><td>损失合计</td><td colspan="3"></td></tr>
<tr><td colspan="4">第三者损失确认签名及联系电话：</td></tr>
<tr><td colspan="5">查勘人签名：</td></tr>
</table>

四、检查

（一）自检

结合本组任务实施过程，对任务执行过程中的规范性进行检查，检查实施过程中是否存在以下问题，分析讨论应如何避免并总结规范的工作方法（见表 12–2）。

表 12–2 自检

检查项目	检查结果
是否正确判断事故损失	是 □ 否 □
是否选择恰当的维修方案	是 □ 否 □
是否对事故维修费用进行正确的预估	是 □ 否 □

（二）互检

组与组之间相互进行任务实施过程及结果检查，并将检查结果填写在表 12–3 中。

表 12–3 互检

检查项目	检查结果
是否正确判断事故损失	是 □ 否 □
是否选择恰当的维修方案	是 □ 否 □
是否对事故维修费用进行正确的预估	是 □ 否 □

五、课堂小结

情境三

汽车保险理赔

任务十三　理赔申请

<table>
<tr><td colspan="6">理赔申请任务工单</td></tr>
<tr><td>客户信息</td><td>姓名</td><td></td><td>电话</td><td colspan="2"></td></tr>
<tr><td rowspan="2">车辆信息</td><td>车型</td><td colspan="3">VIN 码</td><td>行驶里程</td></tr>
<tr><td></td><td colspan="3"></td><td></td></tr>
<tr><td>任务描述</td><td colspan="5">销售交强险 □　销售商业险主险 □　销售商业险附加险 □　制定投保方案 □
接听报案电话 □　现场查勘 □　记录事故现场 □　事故定损 □
理赔申请 □　赔款理算 □　承保 □
其他：</td></tr>
<tr><td colspan="3">车辆外观检查</td><td colspan="3">车辆内部检查</td></tr>
<tr><td>凹凸 □
划痕 □
石击 □
油漆 □</td><td colspan="2"></td><td>污渍 □
破损 □
色斑 □
变形 □</td><td colspan="2"></td></tr>
<tr><td>明确具体工作任务</td><td colspan="5"></td></tr>
</table>

任务目标

- 能够为不同的保险事故提交理赔申请
- 能够为客户处理事故理赔工作
- 能够查阅、审核相关资料并处理

任务内容

- 对事故进行理赔申请
- 查阅、审核相关资料

续表

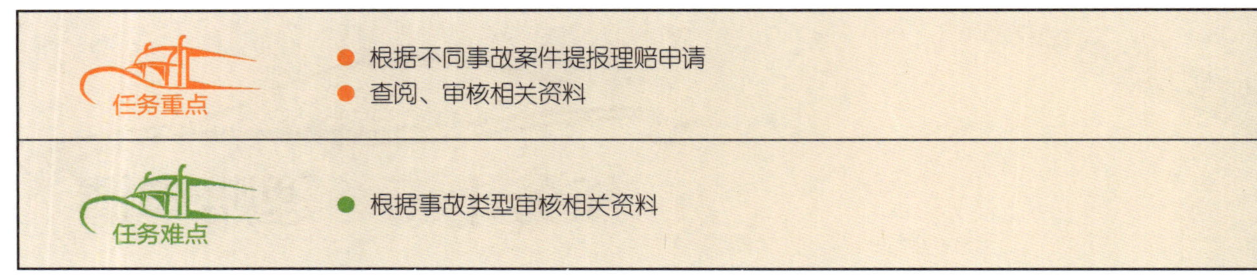

- 根据不同事故案件提报理赔申请
- 查阅、审核相关资料

- 根据事故类型审核相关资料

一、知识讲解

1. 事故理赔的工作流程是：收集整理资料、递交索赔资料、保险公司核查资料。

2. 事故理赔的工作内容是：在确定保险事故的损失后，被保险人可以向保险公司递交相关资料，对损失进行索赔；保险公司接受被保险人的索赔要求后，应对被保险人递交的索赔资料进行审核，审查资料的真实性、完整性等并及时进行理赔。

3. 事故理赔资料包括：基本索赔资料、车辆损失索赔资料、人员伤亡索赔资料、财物损失索赔资料、盗抢险索赔资料。

4. 事故理赔的原则包括：认真审阅事故相关资料，查看证明、定损单、报案记录等；根据保险条款、事故责任及赔偿比例进行理赔。

二、任务准备

在下列图片中勾选出完成本任务所需的物品。

行驶证	驾驶证	身份证	黑色签字笔
事故定损单	基本索赔资料明细表	交强险保单	商业险保单

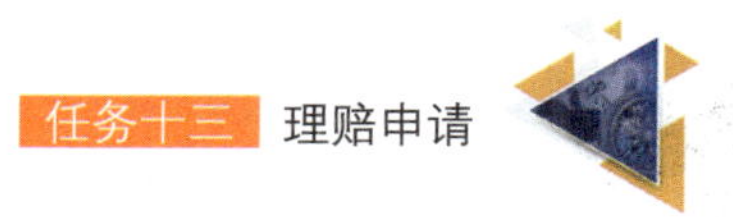

三、任务分配（见表 13-1）

表 13-1 任务分配表

职务	代码	姓名	工作内容
组长	A		监督、管理组员工作
组员	B		准备实训资料
	C		
	D		领取所需物品
	E		

四、任务实施

（一）实施案例 1

根据下列案例选择恰当的事故索赔资料，并将其递交给保险公司人员进行核查。

车型：捷达轿车
购买险种：交强险
事故类型：单方事故
事故描述：车辆倒车时不慎与花坛发生碰撞
事故定损：更换后保险杠，赔偿花坛维修费用
维修金额：车辆维修费用 1 000 元，花坛维修费用 500 元

（二）实施案例 2

根据下列案例选择恰当的事故索赔资料，并将其递交给保险公司人员进行核查。

车型：捷达轿车
购买险种：交强险
事故类型：双方事故
事故描述：车辆追尾事故，捷达轿车负全责，对方车辆需要理赔
事故定损：本车辆更换前保险杠，对方车辆更换后保险杠
维修金额：本车辆维修费用 1 000 元，对方车辆维修费用 1 300 元

（三）实施案例 3

根据下列案例选择恰当的事故索赔资料，并将其递交给保险公司人员进行核查。

车型：捷达轿车
购买险种：交强险、商业险
事故类型：单方事故
事故描述：车辆停放时被划伤
事故定损：对左前门和左后门进行喷漆处理
维修金额：800 元

（四）实施案例 4

根据下列案例选择恰当的事故索赔资料，并将其递交给保险公司人员进行核查。

车型：捷达轿车
购买险种：交强险
事故类型：双方事故
事故描述：本车辆倒车时与停放在路边的车辆发生碰撞
事故定损：本车辆维修后保险杠，对方车辆维修左前门和左后门
维修金额：本车辆维修费用 400 元，对方车辆维修费用 800 元

（五）实施案例 5

根据下列案例选择恰当的事故索赔资料，并将其递交给保险公司人员进行核查。

车型：捷达轿车
购买险种：交强险、商业险
事故类型：单方事故
事故描述：车辆在小区中停放时发生自燃，车辆被烧毁
事故定损：更换前仪表台、线束等
维修金额：35 000 元

五、检查

（一）自检

结合本组任务实施过程，对任务执行过程中的规范性进行检查，检查实施过程中是否存在以下问题，分析讨论应如何避免并总结规范的工作方法（见表 13–2）。

表 13–2　自检

检查项目	检查结果
能否正确分析、判断事故案例	是 □　否 □
能否进行资料的选取	是 □　否 □
能否审核提交的资料	是 □　否 □

（二）互检

组与组之间相互进行任务实施过程及结果检查，并将检查结果填写在表 13–3 中。

表 13–3　互检

检查项目	检查结果
能否正确分析、判断事故案例	是 □　否 □
能否进行资料的选取	是 □　否 □
能否审核提交的资料	是 □　否 □

六、课堂小结

任务十四　赔款理算

<table>
<tr><th colspan="6">赔款理算任务工单</th></tr>
<tr><td>客户信息</td><td>姓名</td><td colspan="2"></td><td>电话</td><td></td></tr>
<tr><td rowspan="2">车辆信息</td><td colspan="2">车型</td><td colspan="2">VIN 码</td><td>行驶里程</td></tr>
<tr><td colspan="2"></td><td colspan="2"></td><td></td></tr>
<tr><td>任务描述</td><td colspan="5">销售交强险 □　销售商业险主险 □　销售商业险附加险 □　制定投保方案 □
接听报案电话 □　现场查勘 □　记录事故现场 □　事故定损 □
理赔申请 □　赔款理算 □
其他：</td></tr>
<tr><th colspan="3">车辆外观检查</th><th colspan="3">车辆内部检查</th></tr>
<tr><td>凹凸 □</td><td colspan="2" rowspan="4"></td><td>污渍 □</td><td colspan="2" rowspan="4"></td></tr>
<tr><td>划痕 □</td><td>破损 □</td></tr>
<tr><td>石击 □</td><td>色斑 □</td></tr>
<tr><td>油漆 □</td><td>变形 □</td></tr>
<tr><td>明确具体工作任务</td><td colspan="5"></td></tr>
<tr><td>任务目标</td><td colspan="5">● 能够为不同事故进行赔款计算
● 能够填写赔款计算书</td></tr>
<tr><td>任务内容</td><td colspan="5">● 分析事故类型及理赔原则
● 填写赔款计算书
● 计算保险赔款金额</td></tr>
</table>

续表

 任务重点	● 实际进行赔款理算 ● 填写赔款计算书
 任务难点	● 实际赔款的计算

一、知识讲解

1. 赔款理算的工作流程

日常赔款理算的工作流程是：接受待理算赔案资料、整理及审核赔案资料、确定保险责任、计算赔款金额、填写赔款计算书、申请赔款。

2. 车辆损失险赔款理算公式

（1）全部损失

赔款 = 保险金额 × 事故责任比例 ×（1– 事故责任免赔率）×（1– 绝对免赔率之和）– 绝对免赔额

（2）部分损失

赔款 = 实际修理费用 × 事故责任比例 ×（1– 事故责任免赔率）×（1– 绝对免赔率之和）– 绝对免赔额

（3）施救费用

赔款 = 实际施救费用 × 事故责任比例 ×（保险财产价值 ÷ 施救实际财产总价值）×（1-- 事故责任免赔率）×（1– 绝对免赔率之和）– 绝对免赔额

3. 第三者责任险赔款理算公式

（1）赔偿金额超过责任限额

赔款 = 责任限额 ×（1– 事故责任免赔率）×（1– 绝对免赔率之和）

（2）赔偿金额低于责任限额

赔款 = 应承担的赔偿金额 ×（1– 事故责任免赔率）×（1– 绝对免赔率之和）

应承担的赔偿金额 =（第三者损失 – 交强险赔偿限额）× 事故责任比例

4. 车上人员责任险赔款理算公式

（1）赔偿金额超过责任限额

每人赔款 = 责任限额 ×（1– 事故责任免赔率）×（1– 绝对免赔率之和）

（2）赔偿金额低于责任限额

每人赔款 = 应承担的赔偿金额 ×（1– 事故责任免赔率）×（1– 绝对免赔率之和）

5. 其他险种赔款理算公式

车身划痕损失险：赔款 = 实际损失金额 ×（1–15%）

二、任务准备

在下列图片中勾选出完成本任务所需的物品。

行驶证	驾驶证	身份证	交强险保单
商业险保单	事故定损单	事故责任认定书	赔款计算书

三、任务分配（表 14-1）

表 14-1　任务分配表

职务	代码	姓名	工作内容
组长	A		监督、管理组员工作
组员	B		准备实训资料
	C		
	D		领取所需物品
	E		

四、任务实施

（一）实施案例 1

根据在教师处领取的相关资料信息填写赔款计算书。

赔款计算书

保险单号		赔案号	
被保险人		车牌号码	
保险期限	年 月 日 至 年 月 日	出险时间	年 月 日
出险地点		事故责任	

赔款计算

理算项目						
险别	项目费用	索赔金额	核损金额	责任比例	赔付金额	是否垫付
合计						

查勘费		校验费		公估费		其他费用	

本次赔付金额		垫付金额		本次赔付最终金额	

缮制人： 年 月 日	复核人： 年 月 日

核赔人意见	理赔经理意见	最终核赔意见
签字 年 月 日	签字 年 月 日	签字 年 月 日

（二）实施案例 2

根据在教师处领取的相关资料信息填写赔款计算书。

赔款计算书

<table>
<tr><td>保险单号</td><td colspan="3"></td><td>赔案号</td><td colspan="3"></td></tr>
<tr><td>被保险人</td><td colspan="3"></td><td>车牌号码</td><td colspan="3"></td></tr>
<tr><td>保险期限</td><td colspan="3">年 月 日 至 年 月 日</td><td>出险时间</td><td colspan="3">年 月 日</td></tr>
<tr><td>出险地点</td><td colspan="3"></td><td>事故责任</td><td colspan="3"></td></tr>
<tr><td colspan="8">赔款计算</td></tr>
<tr><td colspan="8">理算项目</td></tr>
<tr><td>险别</td><td>项目费用</td><td>索赔金额</td><td>核损金额</td><td>责任比例</td><td>赔付金额</td><td colspan="2">是否垫付</td></tr>
<tr><td></td><td></td><td></td><td></td><td></td><td></td><td colspan="2"></td></tr>
<tr><td></td><td></td><td></td><td></td><td></td><td></td><td colspan="2"></td></tr>
<tr><td></td><td></td><td></td><td></td><td></td><td></td><td colspan="2"></td></tr>
<tr><td></td><td></td><td></td><td></td><td></td><td></td><td colspan="2"></td></tr>
<tr><td></td><td></td><td></td><td></td><td></td><td></td><td colspan="2"></td></tr>
<tr><td></td><td></td><td></td><td></td><td></td><td></td><td colspan="2"></td></tr>
<tr><td colspan="8">合计</td></tr>
<tr><td>查勘费</td><td></td><td>校验费</td><td></td><td>公估费</td><td></td><td>其他费用</td><td></td></tr>
<tr><td>本次赔付金额</td><td colspan="2"></td><td>垫付金额</td><td></td><td colspan="2">本次赔付最终金额</td><td></td></tr>
<tr><td colspan="4">缮制人：　　年　月　日</td><td colspan="4">复核人：　　年　月　日</td></tr>
<tr><td colspan="3">核赔人意见
签字　　年　月　日</td><td colspan="3">理赔经理意见
签字　　年　月　日</td><td colspan="2">最终核赔意见
签字　　年　月　日</td></tr>
</table>

（三）实施案例 3

根据在教师处领取的相关资料信息填写赔款计算书。

赔款计算书

保险单号		赔案号	
被保险人		车牌号码	
保险期限	年 月 日 至 年 月 日	出险时间	年 月 日
出险地点		事故责任	
赔款计算			

理算项目						
险别	项目费用	索赔金额	核损金额	责任比例	赔付金额	是否垫付
合计						

查勘费		校验费		公估费		其他费用	
本次赔付金额		垫付金额		本次赔付最终金额			

缮制人： 年 月 日	复核人： 年 月 日	
核赔人意见 签字 年 月 日	理赔经理意见 签字 年 月 日	最终核赔意见 签字 年 月 日

（四）实施案例 4

根据在教师处领取的相关资料信息填写赔款计算书。

赔款计算书

保险单号		赔案号	
被保险人		车牌号码	
保险期限	年 月 日 至 年 月 日	出险时间	年 月 日
出险地点		事故责任	
赔款计算			

理算项目						
险别	项目费用	索赔金额	核损金额	责任比例	赔付金额	是否垫付
合计						

查勘费		校验费		公估费		其他费用	
本次赔付金额		垫付金额		本次赔付最终金额			

缮制人： 年 月 日	复核人： 年 月 日	
核赔人意见 签字 年 月 日	理赔经理意见 签字 年 月 日	最终核赔意见 签字 年 月 日

（五）实施案例 5

根据在教师处领取的相关资料信息填写赔款计算书。

赔款计算书

保险单号		赔案号	
被保险人		车牌号码	
保险期限	年 月 日 至 年 月 日	出险时间	年 月 日
出险地点		事故责任	

赔款计算

理算项目						
险别	项目费用	索赔金额	核损金额	责任比例	赔付金额	是否垫付
合计						

查勘费		校验费		公估费		其他费用	

本次赔付金额		垫付金额		本次赔付最终金额	

缮制人： 年 月 日	复核人： 年 月 日

核赔人意见 签字 年 月 日	理赔经理意见 签字 年 月 日	最终核赔意见 签字 年 月 日

五、检查

（一）自检

结合本组任务实施过程，对任务执行过程中的规范性进行检查，检查实施过程中是否存在以下问题，分析讨论应如何避免并总结规范的工作方法（见表 14-2）。

表 14-2　自检

检查项目	检查结果
是否能对不同类型的事故案件进行理赔	是 □　否 □
赔款计算书填写的内容是否正确、全面	是 □　否 □
赔款金额计算是否正确	是 □　否 □

（二）互检

组与组之间相互进行任务实施过程及结果检查，并将检查结果填写在表 14-3 中。

表 14-3　互检

检查项目	检查结果
是否能对不同类型的事故案件进行理赔	是 □　否 □
赔款计算书填写的内容是否正确、全面	是 □　否 □
赔款金额计算是否正确	是 □　否 □

六、课堂小结

情境四

汽车保险与理赔综合演练

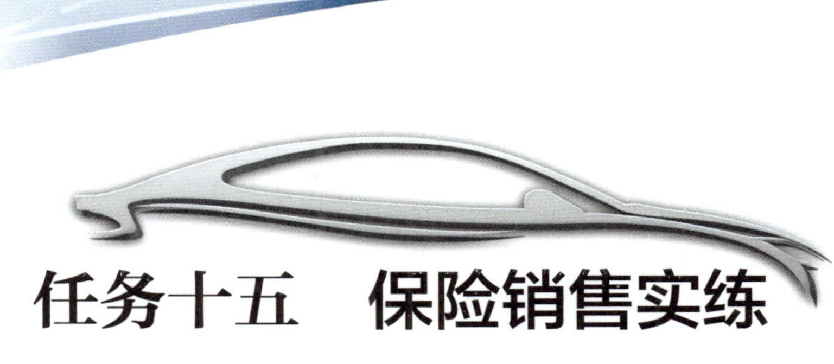

任务十五　保险销售实练

<table>
<tr><td colspan="6">保险销售实练任务工单</td></tr>
<tr><td>客户信息</td><td>姓名</td><td></td><td>电话</td><td colspan="2"></td></tr>
<tr><td rowspan="2">车辆信息</td><td colspan="2">车型</td><td colspan="2">VIN 码</td><td>行驶里程</td></tr>
<tr><td colspan="2"></td><td colspan="2"></td><td></td></tr>
<tr><td>任务描述</td><td colspan="5">销售交强险 □　销售商业险主险 □　销售商业险附加险 □　制定投保方案 □
接听报案电话 □　现场查勘 □　记录事故现场 □　事故定损 □
理赔申请 □　赔款理算 □　承保 □
其他：</td></tr>
<tr><td colspan="3">车辆外观检查</td><td colspan="3">车辆内部检查</td></tr>
<tr><td>凹凸 □
划痕 □
石击 □
油漆 □</td><td colspan="2"></td><td>污渍 □
破损 □
色斑 □
变形 □</td><td colspan="2"></td></tr>
<tr><td>明确具体工作任务</td><td colspan="5"></td></tr>
</table>

任务目标

- 能够掌握汽车保险险种的分类
- 能够为客户讲解不同保险险种的保障和理赔原则
- 能够为客户实际选择合适的保险组合方案
- 能够为客户计算投保险种的保费金额
- 能够实际完成投保并填写简易投保单

续表

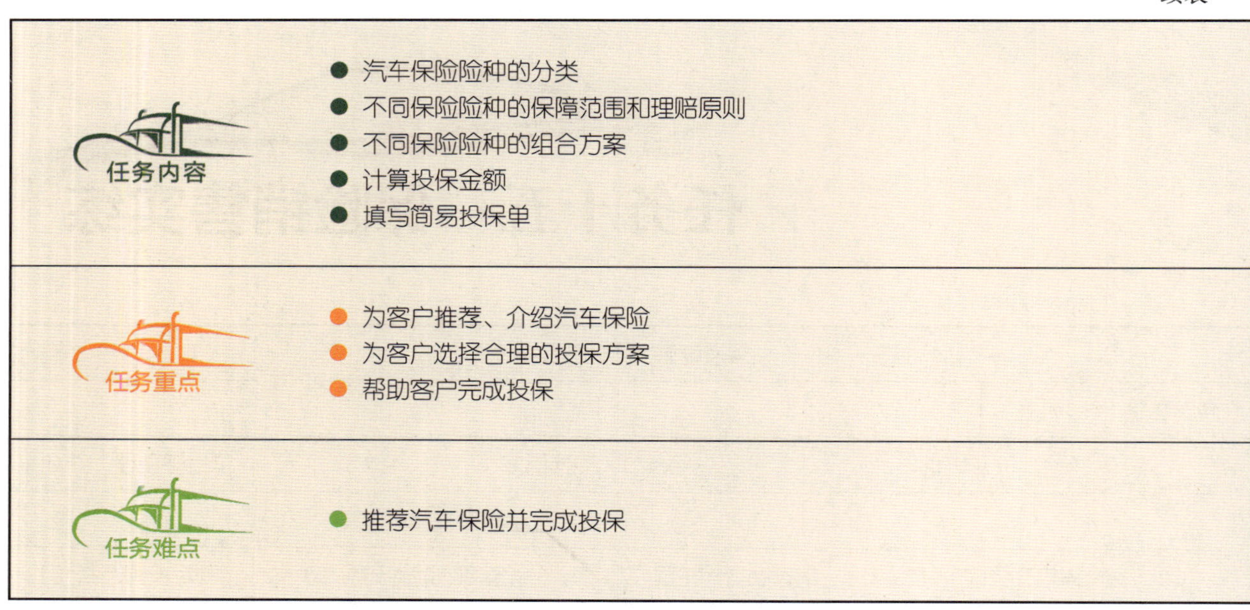

一、知识讲解

1. 汽车保险的分类

汽车保险可以分为交强险和商业险。

2. 汽车商业险

汽车商业险分为主险和附加险。汽车商业险主险包括车辆损失险、第三者责任险、车上人员责任险等。汽车商业险附加险包括绝对免赔率特约条款、车轮单独损失险、车身划痕损失险、法定节假日限额翻倍责任险等。

3. 汽车保险的购买原则

汽车保险的购买原则是：交强险必须投保、不要重复投保、要足额投保、主险尽量保全、附加险按需投保。

4. 常见保险险种的组合方案

常见保险险种的组合方案包括最低保障方案、基本保障方案、经济保障方案、最佳保障方案、完全保障方案。

5. 交强险保险责任限额（见表 15-1）

表 15-1　交强险保险责任限额

	有责赔偿（元）	无责赔偿（元）
死亡伤残	180 000	18 000
医疗费用	18 000	1 800
财产损失	2 000	100

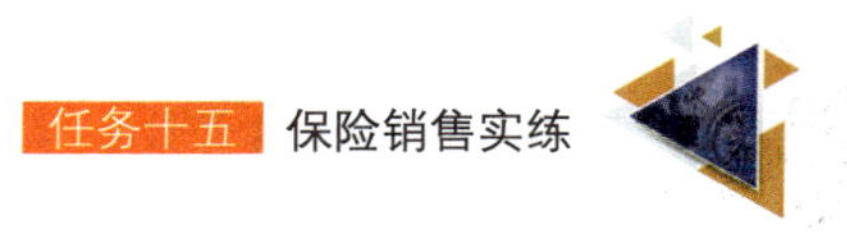

6. 交强险保费计算公式

交强险保费 = 交强险基础保费 × （1+ 与道路交通事故相联系的浮动费率）

7. 商业险保费金额浮动费率（见表 15-2）

表 15-2 商业险保费金额浮动费率

出险次数	保费折扣
出险 1 次	保费不打折
出险 2 次	保费上浮 25%
出险 3 次	保费上浮 50%
出险 4 次	保费上浮 75%
出险 5 次	保费翻倍
一年内无出险	保费下浮 15%
两年内无出险	保费下浮 30%
三年内无出险	保费下浮 40%

二、任务准备

在下列图片中勾选出完成本任务所需的物品。

行驶证	驾驶证	身份证	教学用车
黑色签字笔	计算器	交强险基础保费表	交强险浮动费率表

<table>
<tr>
<td>车辆损失险基本费率</td>
<td>车轮单独损失险基本费率表
<table><tr><td>年限</td><td>1 年以内</td><td>1～2 年</td><td>2～6 年</td><td>6 年以上</td></tr><tr><td>车辆损失险</td><td>20%</td><td>15%</td><td>10%</td><td>5%</td></tr><tr><td>第三者责任险</td><td>20%</td><td>15%</td><td>10%</td><td>5%</td></tr></table></td>
<td>法定节假日限额翻倍险保费表
<table><tr><td>第三者责任险保额</td><td>5 万元</td><td>10 万元</td><td>20 万元</td><td>30 万元</td><td>50 万元</td><td>100 万元</td></tr><tr><td>保费</td><td>15 元</td><td>20 元</td><td>30 元</td><td>50 元</td><td>70 元</td><td>100 元</td></tr></table></td>
<td>医保外医疗费用责任险保费表
<table><tr><td>第三者责任险保额</td><td>5 万元</td><td>10 万元</td><td>20 万元</td><td>30 万元</td><td>50 万元</td><td>100 万元</td></tr><tr><td>保费</td><td>20 元</td><td>25 元</td><td>40 元</td><td>60 元</td><td>90 元</td><td>120 元</td></tr></table></td>
</tr>
<tr>
<td>车辆损失险基本费率表</td>
<td>车轮单独损失险基本费率表</td>
<td>法定节假日限额翻倍责任险保费表</td>
<td>医保外医疗费用责任险保费表</td>
</tr>
<tr><td></td><td></td><td></td><td></td></tr>
<tr>
<td>车上人员责任险费率
<table><tr><td>车辆类型</td><td>驾驶人（%）</td><td>乘客（%）</td></tr><tr><td>6 座以下</td><td>0.42</td><td>0.27</td></tr><tr><td>6～10 座</td><td>0.4</td><td>0.26</td></tr><tr><td>10 座以上</td><td>0.4</td><td>0.26</td></tr></table></td>
<td>绝对免赔率特约条款基本费率表
<table><tr><td>适用险种</td><td>全部责任</td><td>主要责任</td><td>同等责任</td><td>次要责任</td></tr><tr><td>车辆损失险</td><td>20%</td><td>15%</td><td>10%</td><td>5%</td></tr><tr><td>第三者责任险</td><td>20%</td><td>15%</td><td>10%</td><td>5%</td></tr></table></td>
<td>简易投保单</td>
<td>车身划痕损失险费率
<table><tr><td rowspan="2">车龄</td><td rowspan="2">保额（元）</td><td colspan="3">新车购置价</td></tr><tr><td>30 万元以下</td><td>30～50 万元</td><td>50 万元以上</td></tr><tr><td rowspan="4">2 年以下</td><td>2000</td><td>400</td><td>585</td><td>850</td></tr><tr><td>5000</td><td>570</td><td>900</td><td>1100</td></tr><tr><td>10000</td><td>760</td><td>1170</td><td>1500</td></tr><tr><td>20000</td><td>1140</td><td>1780</td><td>2250</td></tr><tr><td rowspan="4">2 年以上</td><td>2000</td><td>610</td><td>900</td><td>1100</td></tr><tr><td>5000</td><td>850</td><td>1350</td><td>1500</td></tr><tr><td>10000</td><td>1300</td><td>1800</td><td>2000</td></tr><tr><td>20000</td><td>1900</td><td>2600</td><td>3000</td></tr></table></td>
</tr>
<tr>
<td>车上人员责任险基本费率表</td>
<td>绝对免赔率特约条款基本费率表</td>
<td>简易投保单</td>
<td>车身划痕损失险基本费率表</td>
</tr>
<tr><td></td><td></td><td></td><td></td></tr>
</table>

三、任务分配（见表 15-3）

表 15-3　任务分配表

<table>
<tr><th>职务</th><th>代码</th><th>姓名</th><th>工作内容</th></tr>
<tr><td>组长</td><td>A</td><td></td><td>监督、管理组员工作</td></tr>
<tr><td rowspan="4">组员</td><td>B</td><td></td><td rowspan="2">准备实训资料</td></tr>
<tr><td>C</td><td></td></tr>
<tr><td>D</td><td></td><td rowspan="2">领取所需物品</td></tr>
<tr><td>E</td><td></td></tr>
</table>

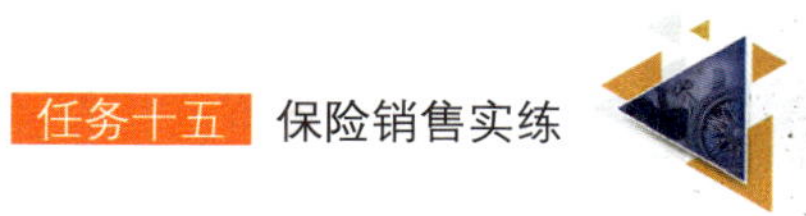

四、任务实施

（一）实施案例 1

根据实际情况为客户推荐合理的保险，并完成投保流程。

简易投保单

<table>
<tr><td>行驶证注册日期</td><td colspan="2"></td><td colspan="2">上年投保公司</td><td colspan="2"></td></tr>
<tr><td>上年保险单号</td><td colspan="2"></td><td colspan="2">到期时间</td><td colspan="2"></td></tr>
<tr><td>投保人 /
被保险人</td><td colspan="6"></td></tr>
<tr><td>身份证号</td><td colspan="2"></td><td colspan="2">组织机构代码证</td><td colspan="2"></td></tr>
<tr><td>联系人姓名</td><td colspan="2"></td><td colspan="2">联系电话</td><td colspan="2"></td></tr>
<tr><td>联系地址</td><td colspan="4"></td><td>邮政编码</td><td></td></tr>
<tr><td>投保种类</td><td>☐ 交通事故责任强制保险
☐ 商业险</td><td>交强险
承保公司</td><td colspan="2"></td><td>交强险
保险单号</td><td></td></tr>
<tr><td>车辆类型</td><td></td><td>车牌号码</td><td colspan="2"></td><td>购置时间</td><td></td></tr>
<tr><td rowspan="15">商业险险种</td><td colspan="2">投保险种</td><td colspan="3">保险金额 / 赔偿金额（万元）</td><td>保费（元）</td></tr>
<tr><td colspan="2">☐ 车辆损失险</td><td colspan="3"></td><td></td></tr>
<tr><td colspan="2">☐ 第三者责任险</td><td colspan="3">☐ 5 ☐ 10 ☐ 20</td><td></td></tr>
<tr><td colspan="2">☐ 车上人员责任险</td><td colspan="3"></td><td></td></tr>
<tr><td colspan="2">☐ 附加绝对免赔率特约条款</td><td colspan="3"></td><td></td></tr>
<tr><td colspan="2">☐ 附加车轮单独损失险</td><td colspan="3"></td><td></td></tr>
<tr><td colspan="2">☐ 附加新增加设备损失险</td><td colspan="3"></td><td></td></tr>
<tr><td colspan="2">☐ 附加车身划痕损失险</td><td colspan="3"></td><td></td></tr>
<tr><td colspan="2">☐ 附加修理期间费用补偿险</td><td colspan="3"></td><td></td></tr>
<tr><td colspan="2">☐ 附加发动机进水损坏除外特约条款</td><td colspan="3"></td><td></td></tr>
<tr><td colspan="2">☐ 附加车上货物责任险</td><td colspan="3"></td><td></td></tr>
<tr><td colspan="2">☐ 附加精神损害抚慰金责任险</td><td colspan="3"></td><td></td></tr>
<tr><td colspan="2">☐ 附加法定节假日限额翻倍责任险</td><td colspan="3"></td><td></td></tr>
<tr><td colspan="2">☐ 附加医保外医疗费用责任险</td><td colspan="3"></td><td></td></tr>
<tr><td colspan="2">☐ 附加机动车增值服务特约条款</td><td colspan="3"></td><td></td></tr>
</table>

（二）实施案例 2

根据实际情况为客户推荐合理的保险，并完成投保流程。

简易投保单

<table>
<tr><td>行驶证注册日期</td><td colspan="3"></td><td colspan="2">上年投保公司</td><td colspan="2"></td></tr>
<tr><td>上年保险单号</td><td colspan="3"></td><td colspan="2">到期时间</td><td colspan="2"></td></tr>
<tr><td>投保人 /
被保险人</td><td colspan="7"></td></tr>
<tr><td>身份证号</td><td colspan="3"></td><td colspan="2">组织机构代码证</td><td colspan="2"></td></tr>
<tr><td>联系人姓名</td><td colspan="3"></td><td colspan="2">联系电话</td><td colspan="2"></td></tr>
<tr><td>联系地址</td><td colspan="5"></td><td>邮政编码</td><td></td></tr>
<tr><td>投保种类</td><td>□ 交通事故责任强制保险
□ 商业险</td><td>交强险
承保公司</td><td colspan="3"></td><td>交强险
保险单号</td><td></td></tr>
<tr><td>车辆类型</td><td></td><td>车牌号码</td><td colspan="3"></td><td>购置时间</td><td></td></tr>
<tr><td rowspan="15">商业险险种</td><td colspan="3">投保险种</td><td colspan="3">保险金额 / 赔偿金额（万元）</td><td>保费（元）</td></tr>
<tr><td colspan="3">□ 车辆损失险</td><td colspan="3"></td><td></td></tr>
<tr><td colspan="3">□ 第三者责任险</td><td colspan="3">□ 5　□ 10　□ 20</td><td></td></tr>
<tr><td colspan="3">□ 车上人员责任险</td><td colspan="3"></td><td></td></tr>
<tr><td colspan="3">□ 附加绝对免赔率特约条款</td><td colspan="3"></td><td></td></tr>
<tr><td colspan="3">□ 附加车轮单独损失险</td><td colspan="3"></td><td></td></tr>
<tr><td colspan="3">□ 附加新增加设备损失险</td><td colspan="3"></td><td></td></tr>
<tr><td colspan="3">□ 附加车身划痕损失险</td><td colspan="3"></td><td></td></tr>
<tr><td colspan="3">□ 附加修理期间费用补偿险</td><td colspan="3"></td><td></td></tr>
<tr><td colspan="3">□ 附加发动机进水损坏除外特约条款</td><td colspan="3"></td><td></td></tr>
<tr><td colspan="3">□ 附加车上货物责任险</td><td colspan="3"></td><td></td></tr>
<tr><td colspan="3">□ 附加精神损害抚慰金责任险</td><td colspan="3"></td><td></td></tr>
<tr><td colspan="3">□ 附加法定节假日限额翻倍责任险</td><td colspan="3"></td><td></td></tr>
<tr><td colspan="3">□ 附加医保外医疗费用责任险</td><td colspan="3"></td><td></td></tr>
<tr><td colspan="3">□ 附加机动车增值服务特约条款</td><td colspan="3"></td><td></td></tr>
</table>

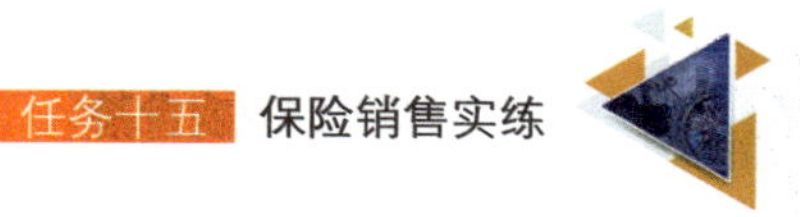

（三）实施案例 3

根据实际情况为客户推荐合理的保险，并完成投保流程。

简易投保单

<table>
<tr><td>行驶证注册日期</td><td colspan="2"></td><td colspan="2">上年投保公司</td><td colspan="2"></td></tr>
<tr><td>上年保险单号</td><td colspan="2"></td><td colspan="2">到期时间</td><td colspan="2"></td></tr>
<tr><td>投保人 /
被保险人</td><td colspan="6"></td></tr>
<tr><td>身份证号</td><td colspan="2"></td><td colspan="2">组织机构代码证</td><td colspan="2"></td></tr>
<tr><td>联系人姓名</td><td colspan="2"></td><td colspan="2">联系电话</td><td colspan="2"></td></tr>
<tr><td>联系地址</td><td colspan="4"></td><td>邮政编码</td><td></td></tr>
<tr><td>投保种类</td><td>□ 交通事故责任强制保险
□ 商业险</td><td colspan="2">交强险
承保公司</td><td></td><td>交强险
保险单号</td><td></td></tr>
<tr><td>车辆类型</td><td></td><td colspan="2">车牌号码</td><td></td><td>购置时间</td><td></td></tr>
<tr><td rowspan="16">商业险险种</td><td colspan="2">投保险种</td><td colspan="3">保险金额 / 赔偿金额（万元）</td><td>保费（元）</td></tr>
<tr><td colspan="2">□ 车辆损失险</td><td colspan="3"></td><td></td></tr>
<tr><td colspan="2">□ 第三者责任险</td><td colspan="3">□ 5 □ 10 □ 20</td><td></td></tr>
<tr><td colspan="2">□ 车上人员责任险</td><td colspan="3"></td><td></td></tr>
<tr><td colspan="2">□ 附加绝对免赔率特约条款</td><td colspan="3"></td><td></td></tr>
<tr><td colspan="2">□ 附加车轮单独损失险</td><td colspan="3"></td><td></td></tr>
<tr><td colspan="2">□ 附加新增加设备损失险</td><td colspan="3"></td><td></td></tr>
<tr><td colspan="2">□ 附加车身划痕损失险</td><td colspan="3"></td><td></td></tr>
<tr><td colspan="2">□ 附加修理期间费用补偿险</td><td colspan="3"></td><td></td></tr>
<tr><td colspan="2">□ 附加发动机进水损坏除外特约条款</td><td colspan="3"></td><td></td></tr>
<tr><td colspan="2">□ 附加车上货物责任险</td><td colspan="3"></td><td></td></tr>
<tr><td colspan="2">□ 附加精神损害抚慰金责任险</td><td colspan="3"></td><td></td></tr>
<tr><td colspan="2">□ 附加法定节假日限额翻倍责任险</td><td colspan="3"></td><td></td></tr>
<tr><td colspan="2">□ 附加医保外医疗费用责任险</td><td colspan="3"></td><td></td></tr>
<tr><td colspan="2">□ 附加机动车增值服务特约条款</td><td colspan="3"></td><td></td></tr>
</table>

（四）实施案例 4

根据实际情况为客户推荐合理的保险，并完成投保流程。

简易投保单

<table>
<tr><td>行驶证注册日期</td><td colspan="3"></td><td colspan="2">上年投保公司</td><td colspan="2"></td></tr>
<tr><td>上年保险单号</td><td colspan="3"></td><td colspan="2">到期时间</td><td colspan="2"></td></tr>
<tr><td>投保人 / 被保险人</td><td colspan="7"></td></tr>
<tr><td>身份证号</td><td colspan="3"></td><td colspan="2">组织机构代码证</td><td colspan="2"></td></tr>
<tr><td>联系人姓名</td><td colspan="3"></td><td colspan="2">联系电话</td><td colspan="2"></td></tr>
<tr><td>联系地址</td><td colspan="5"></td><td>邮政编码</td><td></td></tr>
<tr><td>投保种类</td><td>□ 交通事故责任强制保险
□ 商业险</td><td>交强险
承保公司</td><td colspan="2"></td><td></td><td>交强险
保险单号</td><td></td></tr>
<tr><td>车辆类型</td><td></td><td>车牌号码</td><td colspan="2"></td><td></td><td>购置时间</td><td></td></tr>
<tr><td rowspan="15">商业险险种</td><td colspan="3">投保险种</td><td colspan="3">保险金额 / 赔偿金额（万元）</td><td>保费（元）</td></tr>
<tr><td colspan="3">□ 车辆损失险</td><td colspan="3"></td><td></td></tr>
<tr><td colspan="3">□ 第三者责任险</td><td colspan="3">□ 5 □ 10 □ 20</td><td></td></tr>
<tr><td colspan="3">□ 车上人员责任险</td><td colspan="3"></td><td></td></tr>
<tr><td colspan="3">□ 附加绝对免赔率特约条款</td><td colspan="3"></td><td></td></tr>
<tr><td colspan="3">□ 附加车轮单独损失险</td><td colspan="3"></td><td></td></tr>
<tr><td colspan="3">□ 附加新增加设备损失险</td><td colspan="3"></td><td></td></tr>
<tr><td colspan="3">□ 附加车身划痕损失险</td><td colspan="3"></td><td></td></tr>
<tr><td colspan="3">□ 附加修理期间费用补偿险</td><td colspan="3"></td><td></td></tr>
<tr><td colspan="3">□ 附加发动机进水损坏除外特约条款</td><td colspan="3"></td><td></td></tr>
<tr><td colspan="3">□ 附加车上货物责任险</td><td colspan="3"></td><td></td></tr>
<tr><td colspan="3">□ 附加精神损害抚慰金责任险</td><td colspan="3"></td><td></td></tr>
<tr><td colspan="3">□ 附加法定节假日限额翻倍责任险</td><td colspan="3"></td><td></td></tr>
<tr><td colspan="3">□ 附加医保外医疗费用责任险</td><td colspan="3"></td><td></td></tr>
<tr><td colspan="3">□ 附加机动车增值服务特约条款</td><td colspan="3"></td><td></td></tr>
</table>

（五）实施案例 5

根据实际情况为客户推荐合理的保险，并完成投保流程。

简易投保单

行驶证注册日期		上年投保公司			
上年保险单号		到期时间			
投保人 / 被保险人					
身份证号		组织机构代码证			
联系人姓名		联系电话			
联系地址				邮政编码	
投保种类	□ 交通事故责任强制保险 □ 商业险	交强险承保公司		交强险保险单号	
车辆类型		车牌号码		购置时间	

商业险险种	投保险种	保险金额 / 赔偿金额（万元）	保费（元）
	□ 车辆损失险		
	□ 第三者责任险	□ 5 □ 10 □ 20	
	□ 车上人员责任险		
	□ 附加绝对免赔率特约条款		
	□ 附加车轮单独损失险		
	□ 附加新增加设备损失险		
	□ 附加车身划痕损失险		
	□ 附加修理期间费用补偿险		
	□ 附加发动机进水损坏除外特约条款		
	□ 附加车上货物责任险		
	□ 附加精神损害抚慰金责任险		
	□ 附加法定节假日限额翻倍责任险		
	□ 附加医保外医疗费用责任险		
	□ 附加机动车增值服务特约条款		

五、检查

（一）自检

结合本组任务实施过程，对任务执行过程中的规范性进行检查，检查实施过程中是否存在以下问题，分析讨论应如何避免并总结规范的工作方法（见表 15-4）。

表 15-4　自检

检查项目	检查结果
是否能为客户推荐合理的保险险种	是☐　否☐
是否能向客户讲解相关险种的保障范围和理赔原则	是☐　否☐
投保金额的计算是否正确	是☐　否☐
是否能正确填写简易投保单	是☐　否☐

（二）互检

组与组之间相互进行任务实施过程及结果检查，并将检查结果填写在表 15-5 中。

表 15-5　互检

检查项目	检查结果
是否能为客户推荐合理的保险险种	是☐　否☐
是否能向客户讲解相关险种的保障范围和理赔原则	是☐　否☐
投保金额的计算是否正确	是☐　否☐
是否能正确填写简易投保单	是☐　否☐

六、课堂小结

任务十六 保险理赔实练

<table>
<tr><th colspan="6">保险理赔实练任务工单</th></tr>
<tr><td>客户信息</td><td>姓名</td><td colspan="2"></td><td>电话</td><td></td></tr>
<tr><td rowspan="2">车辆信息</td><td colspan="2">车型</td><td colspan="2">VIN 码</td><td>行驶里程</td></tr>
<tr><td colspan="2"></td><td colspan="2"></td><td></td></tr>
<tr><td>任务描述</td><td colspan="5">销售交强险 □ 销售商业险主险 □ 销售商业险附加险 □ 制定投保方案 □
接听报案电话 □ 现场查勘 □ 记录事故现场 □ 事故定损 □
理赔申请 □ 赔款理算 □ 承保 □
其他：</td></tr>
<tr><th colspan="3">车辆外观检查</th><th colspan="3">车辆内部检查</th></tr>
<tr><td>凹凸 □
划痕 □
石击 □
油漆 □</td><td colspan="2"></td><td>污渍 □
破损 □
色斑 □
变形 □</td><td colspan="2"></td></tr>
<tr><td>明确具体工作任务</td><td colspan="5"></td></tr>
</table>

任务目标

- 能够掌握汽车保险理赔的工作流程
- 能够为客户处理出险后的相关事宜
- 能够实际进行现场查勘并拍照取证
- 能够为事故车辆定损理赔

任务内容

- 汽车保险理赔的工作流程和内容
- 汽车事故现场查勘和拍照取证的方法

续表

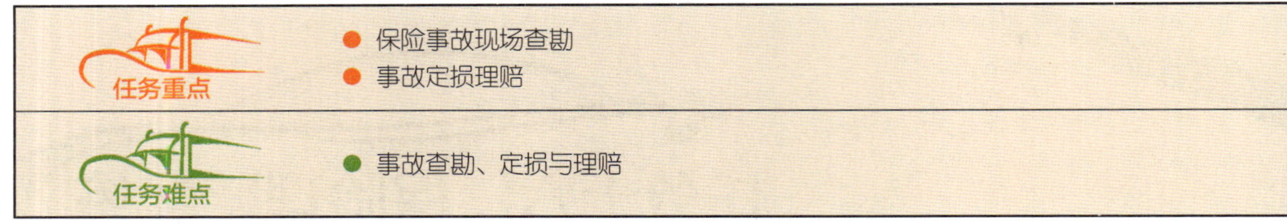

任务重点	● 保险事故现场查勘 ● 事故定损理赔
任务难点	● 事故查勘、定损与理赔

一、知识讲解

1. 客户报案的受理流程

受理客户报案的工作流程是：接听报案电话→核查相关信息→记录报案内容→分析案件类型并判断责任→确定是否受理案件→告知报案人相关注意事项→案件调派。

2. 现场查勘物品

现场查勘前必须准备的物品有查勘车、照相机、资料、笔、手电筒、手机、录音笔等。

3. 现场查勘的工作流程及内容（见表 16-1）

表 16-1　现场查勘的工作流程及内容

现场查勘流程	内容
到达事故现场	赶赴现场，初步了解事故情况
询问、审核相关内容	对于报案人员和车辆进行核对
收集现场证据	通过各种查勘技术、方法收集证据
确定保险责任	判断事故是否属于保险理赔范围
填写相关单证	结合查勘情况填写相关单证，告知后续事项
确定维修方案	安排车辆维修，确定维修方案

4. 现场查勘的工作内容

现场查勘的工作内容有核查车辆相关信息、核查相关证件、核查驾驶员的相关信息、核实事故发生的相关信息、核查事故损失的相关信息。

5. 记录事故现场

记录事故现场是指通过拍照取证的方式对事故现场进行记录并存档，将所拍摄的照片按照保险公司的要求进行上传与审核。

6. 事故定损的原则

定损和修理的范围仅限本次事故所造成的损失；能够修理的零部件坚持修理，绝不更换；能够进行局部修理的，绝不整体修理；能够更换零部件的，绝不更换总成；定损价格应根据当地的维修行业标准和市场情况准确判断；车辆维修完毕后，要达到原有的性能和状态；在定损过程中要遵循定损原则，超出权限时应及时上报。

7. 事故理赔的工作流程

事故理赔的工作流程是：收集整理资料→递交索赔资料→保险公司核查资料。

8. 日常赔款理算的工作流程

日常赔款理算的工作流程是：接受待理算赔案资料→整理审核赔案资料→确定保险责任并计算赔款→填写赔款计算书→申请赔款。

二、任务准备

在下列图片中勾选出完成本任务所需的物品。

行驶证	驾驶证	身份证	教学用车
黑色签字笔	计算器	交强险保单	商业险保单
赔款计算书	事故定损单	相机	手电筒
录音笔	手机	基本索赔资料明细表	事故责任认定书

三、任务分配（见表 16-2）

表 16-2 任务分配表

职务	代码	姓名	工作内容
组长	A		监督、管理组员工作
组员	B		准备实训资料
	C		
	D		领取所需物品
	E		

四、组织实施

（一）实施案例 1

根据教师给出的案例完成报案电话的接听、事故查勘以及赔款理算等工作内容。

接报案记录表

报案时间		接听人员		报案号	
车牌号		车辆颜色		VIN 码	
交强险	□ 有 □ 无	商业险	□ 有 □ 无	备注：	
出险时间		出险地点			
车辆所有人		报案人		联系电话	
事故类型	□ 单方 □ 双方	有无人员伤亡	□ 有 □ 无	对方是否需要赔付	□ 是 □ 否
事故发生原因：					
事故发生经过：					
其他：					
受理人		调派人		时间	

事故定损单

<table>
<tr><td rowspan="8">出险通知书</td><td colspan="4">被保险人：</td><td>保险单号：</td></tr>
<tr><td colspan="2">车牌号码：</td><td colspan="2">肇事司机：</td><td>司机电话：</td></tr>
<tr><td colspan="2">厂牌型号：</td><td colspan="2">驾驶证号码：</td><td>准驾车型：</td></tr>
<tr><td colspan="4">车辆 VIN 码：</td><td>车辆颜色：</td></tr>
<tr><td colspan="2">出险时间： 年 月 日</td><td colspan="2">联系人：</td><td>联系电话：</td></tr>
<tr><td colspan="5">出险地点：</td></tr>
<tr><td colspan="5">出险原因及经过：
被保险人 / 肇事司机签章：</td></tr>
<tr><td colspan="4">记录事故碰撞点、损失部位及初步处理意见：</td><td rowspan="7">现场草图：</td></tr>
<tr><td rowspan="8">标的损失确认</td><td>更换项目</td><td>核定金额</td><td>修理项目</td><td>核定金额</td></tr>
<tr><td></td><td></td><td></td><td></td></tr>
<tr><td></td><td></td><td></td><td></td></tr>
<tr><td></td><td></td><td></td><td></td></tr>
<tr><td></td><td></td><td></td><td></td></tr>
<tr><td></td><td></td><td></td><td></td></tr>
<tr><td>损失合计</td><td colspan="3"></td><td rowspan="11">被保险人声明：
1. 本人对上述情况认定属实，如有虚假，愿放弃保险的一切权利并承担法律责任。
2. 同意保险公司按现场查勘人员核定的修理价格及有关条款规定进行赔偿。
3. 本事故的保险赔款转入以下账户。
户名：
开户银行：
账号：
被保险人签章：
被保险人联系电话：
被保险人身份证号码：</td></tr>
<tr><td colspan="4">保险标的损失确认签名：</td></tr>
<tr><td rowspan="8">第三者信息及损失确认</td><td>车牌号</td><td></td><td>车型</td><td></td></tr>
<tr><td colspan="4">交强险保单及承保公司：</td></tr>
<tr><td>更换项目</td><td>核定金额</td><td>修理项目</td><td>核定金额</td></tr>
<tr><td></td><td></td><td></td><td></td></tr>
<tr><td></td><td></td><td></td><td></td></tr>
<tr><td></td><td></td><td></td><td></td></tr>
<tr><td>损失合计</td><td colspan="3"></td></tr>
<tr><td colspan="4">第三者损失确认签名及联系电话：</td></tr>
<tr><td colspan="5">查勘人签名：</td></tr>
</table>

赔款计算书

<table>
<tr><td>保险单号</td><td colspan="4"></td><td>赔案号</td><td colspan="2"></td></tr>
<tr><td>被保险人</td><td colspan="4"></td><td>车牌号码</td><td colspan="2"></td></tr>
<tr><td>保险期限</td><td colspan="4">年 月 日 至 年 月 日</td><td>出险时间</td><td colspan="2">年 月 日</td></tr>
<tr><td>出险地点</td><td colspan="4"></td><td>事故责任</td><td colspan="2"></td></tr>
<tr><td colspan="8">赔款计算</td></tr>
<tr><td colspan="8">理算项目</td></tr>
<tr><td>险别</td><td>项目费用</td><td>索赔金额</td><td>核损金额</td><td>责任比例</td><td>赔付金额</td><td colspan="2">是否垫付</td></tr>
<tr><td></td><td></td><td></td><td></td><td></td><td></td><td colspan="2"></td></tr>
<tr><td></td><td></td><td></td><td></td><td></td><td></td><td colspan="2"></td></tr>
<tr><td></td><td></td><td></td><td></td><td></td><td></td><td colspan="2"></td></tr>
<tr><td></td><td></td><td></td><td></td><td></td><td></td><td colspan="2"></td></tr>
<tr><td></td><td></td><td></td><td></td><td></td><td></td><td colspan="2"></td></tr>
<tr><td></td><td></td><td></td><td></td><td></td><td></td><td colspan="2"></td></tr>
<tr><td colspan="8">合计</td></tr>
<tr><td>查勘费</td><td></td><td>校验费</td><td></td><td>公估费</td><td></td><td>其他费用</td><td></td></tr>
<tr><td>本次赔付金额</td><td></td><td>垫付金额</td><td></td><td>本次赔付最终金额</td><td colspan="3"></td></tr>
<tr><td colspan="4">缮制人： 年 月 日</td><td colspan="4">复核人： 年 月 日</td></tr>
<tr><td colspan="3">核赔人意见

签字 年 月 日</td><td colspan="2">理赔经理意见

签字 年 月 日</td><td colspan="3">最终核赔意见

签字 年 月 日</td></tr>
</table>

（二）实施案例 2

根据教师给出的案例进行报案电话的接听、事故查勘以及赔款理算等工作内容。

接报案记录表

<table>
<tr><td>报案时间</td><td></td><td>接听人员</td><td></td><td>报案号</td><td></td></tr>
<tr><td>车牌号</td><td></td><td>车辆颜色</td><td></td><td>VIN 码</td><td></td></tr>
<tr><td>交强险</td><td>□ 有 □ 无</td><td>商业险</td><td>□ 有 □ 无</td><td colspan="2">备注：</td></tr>
<tr><td>出险时间</td><td></td><td>出险地点</td><td colspan="3"></td></tr>
<tr><td>车辆所有人</td><td></td><td>报案人</td><td></td><td>联系电话</td><td></td></tr>
<tr><td>事故类型</td><td>□ 单方 □ 双方</td><td>有无人员伤亡</td><td>□ 有 □ 无</td><td>对方是否需要赔付</td><td>□ 是 □ 否</td></tr>
<tr><td colspan="6">事故发生原因：</td></tr>
</table>

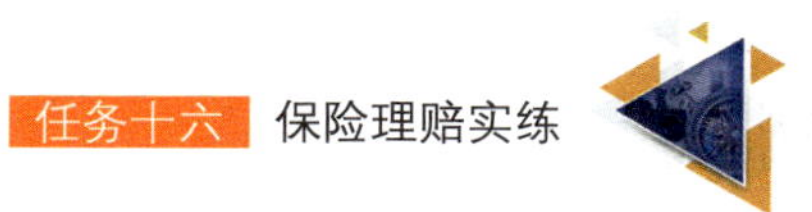

续表

<table>
<tr><td colspan="6">事故发生经过：</td></tr>
<tr><td colspan="6">其他：</td></tr>
<tr><td>受理人</td><td></td><td>调派人</td><td></td><td>时间</td><td></td></tr>
</table>

事故定损单

<table>
<tr><td rowspan="8">出险通知书</td><td colspan="4">被保险人：</td><td>保险单号：</td></tr>
<tr><td colspan="2">车牌号码：</td><td colspan="2">肇事司机：</td><td>司机电话：</td></tr>
<tr><td colspan="2">厂牌型号：</td><td colspan="2">驾驶证号码：</td><td>准驾车型：</td></tr>
<tr><td colspan="4">车辆 VIN 码：</td><td>车辆颜色：</td></tr>
<tr><td colspan="2">出险时间： 年 月 日</td><td colspan="2">联系人：</td><td>联系电话：</td></tr>
<tr><td colspan="5">出险地点：</td></tr>
<tr><td colspan="5">出险原因及经过：
被保险人 / 肇事司机签章：</td></tr>
<tr><td colspan="4">记录事故碰撞点、损失部位及初步处理意见：</td><td rowspan="7">现场草图：</td></tr>
<tr><td rowspan="8">标的损失确认</td><td>更换项目</td><td>核定金额</td><td>修理项目</td><td>核定金额</td></tr>
<tr><td></td><td></td><td></td><td></td></tr>
<tr><td></td><td></td><td></td><td></td></tr>
<tr><td></td><td></td><td></td><td></td></tr>
<tr><td></td><td></td><td></td><td></td></tr>
<tr><td></td><td></td><td></td><td></td></tr>
<tr><td>损失合计</td><td colspan="3"></td><td rowspan="11">被保险人声明：
1. 本人对上述情况认定属实，如有虚假，愿放弃保险的一切权利并承担法律责任。
2. 同意保险公司按现场查勘人员核定的修理价格及有关条款规定进行赔偿。
3. 本事故的保险赔款转入以下账户。
户名：
开户银行：
账号：
被保险人签章：
被保险人联系电话：
被保险人身份证号码：</td></tr>
<tr><td colspan="4">保险标的损失确认签名：</td></tr>
<tr><td rowspan="8">第三者信息及损失确认</td><td>车牌号</td><td></td><td>车型</td><td></td></tr>
<tr><td colspan="4">交强险保单及承保公司：</td></tr>
<tr><td>更换项目</td><td>核定金额</td><td>修理项目</td><td>核定金额</td></tr>
<tr><td></td><td></td><td></td><td></td></tr>
<tr><td></td><td></td><td></td><td></td></tr>
<tr><td></td><td></td><td></td><td></td></tr>
<tr><td>损失合计</td><td colspan="3"></td></tr>
<tr><td colspan="4">第三者损失确认签名及联系电话：</td></tr>
<tr><td colspan="5">查勘人签名：</td></tr>
</table>

赔款计算书

<table>
<tr><td>保险单号</td><td colspan="3"></td><td colspan="2">赔案号</td><td colspan="2"></td></tr>
<tr><td>被保险人</td><td colspan="3"></td><td colspan="2">车牌号码</td><td colspan="2"></td></tr>
<tr><td>保险期限</td><td colspan="3">年 月 日 至 年 月 日</td><td colspan="2">出险时间</td><td colspan="2">年 月 日</td></tr>
<tr><td>出险地点</td><td colspan="3"></td><td colspan="2">事故责任</td><td colspan="2"></td></tr>
<tr><td colspan="8">赔款计算</td></tr>
<tr><td colspan="8">理算项目</td></tr>
<tr><td>险别</td><td>项目费用</td><td>索赔金额</td><td>核损金额</td><td>责任比例</td><td>赔付金额</td><td>是否垫付</td><td></td></tr>
<tr><td></td><td></td><td></td><td></td><td></td><td></td><td></td><td></td></tr>
<tr><td></td><td></td><td></td><td></td><td></td><td></td><td></td><td></td></tr>
<tr><td></td><td></td><td></td><td></td><td></td><td></td><td></td><td></td></tr>
<tr><td></td><td></td><td></td><td></td><td></td><td></td><td></td><td></td></tr>
<tr><td></td><td></td><td></td><td></td><td></td><td></td><td></td><td></td></tr>
<tr><td></td><td></td><td></td><td></td><td></td><td></td><td></td><td></td></tr>
<tr><td colspan="8">合计</td></tr>
<tr><td>查勘费</td><td></td><td>校验费</td><td></td><td>公估费</td><td></td><td>其他费用</td><td></td></tr>
<tr><td colspan="2">本次赔付金额</td><td></td><td>垫付金额</td><td></td><td colspan="2">本次赔付最终金额</td><td></td></tr>
<tr><td colspan="4">缮制人：年 月 日</td><td colspan="4">复核人：年 月 日</td></tr>
<tr><td colspan="3">核赔人意见
签字 年 月 日</td><td colspan="3">理赔经理意见
签字 年 月 日</td><td colspan="2">最终核赔意见
签字 年 月 日</td></tr>
</table>

（三）实施案例 3

根据教师给出的案例进行报案电话的接听、事故查勘以及赔款理算等工作内容。

接报案记录表

<table>
<tr><td>报案时间</td><td></td><td>接听人员</td><td></td><td>报案号</td><td></td></tr>
<tr><td>车牌号</td><td></td><td>车辆颜色</td><td></td><td>VIN 码</td><td></td></tr>
<tr><td>交强险</td><td>□有 □无</td><td>商业险</td><td>□有 □无</td><td colspan="2">备注：</td></tr>
<tr><td>出险时间</td><td></td><td>出险地点</td><td colspan="3"></td></tr>
<tr><td>车辆所有人</td><td></td><td>报案人</td><td></td><td>联系电话</td><td></td></tr>
<tr><td>事故类型</td><td>□单方 □双方</td><td>有无人员伤亡</td><td>□有 □无</td><td>对方是否需要赔付</td><td>□是 □否</td></tr>
</table>

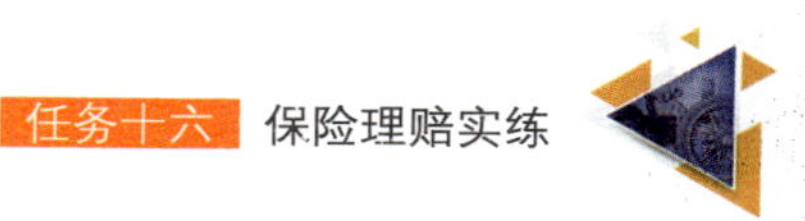

续表

<table>
<tr><td colspan="6">事故发生原因：</td></tr>
<tr><td colspan="6">事故发生经过：</td></tr>
<tr><td colspan="6">其他：</td></tr>
<tr><td>受理人</td><td></td><td>调派人</td><td></td><td>时间</td><td></td></tr>
</table>

事故定损单

<table>
<tr><td rowspan="8">出险通知书</td><td colspan="4">被保险人：</td><td>保险单号：</td></tr>
<tr><td colspan="2">车牌号码：</td><td colspan="2">肇事司机：</td><td>司机电话：</td></tr>
<tr><td colspan="2">厂牌型号：</td><td colspan="2">驾驶证号码：</td><td>准驾车型：</td></tr>
<tr><td colspan="4">车辆 VIN 码：</td><td>车辆颜色：</td></tr>
<tr><td colspan="2">出险时间：　　年　　月　　日</td><td colspan="2">联系人：</td><td>联系电话：</td></tr>
<tr><td colspan="5">出险地点：</td></tr>
<tr><td colspan="5">出险原因及经过：
被保险人 / 肇事司机签章：</td></tr>
<tr><td colspan="4">记录事故碰撞点、损失部位及初步处理意见：</td><td rowspan="7">现场草图：</td></tr>
<tr><td rowspan="8">标的损失确认</td><td>更换项目</td><td>核定金额</td><td>修理项目</td><td>核定金额</td></tr>
<tr><td></td><td></td><td></td><td></td></tr>
<tr><td></td><td></td><td></td><td></td></tr>
<tr><td></td><td></td><td></td><td></td></tr>
<tr><td></td><td></td><td></td><td></td></tr>
<tr><td></td><td></td><td></td><td></td></tr>
<tr><td>损失合计</td><td colspan="3"></td><td rowspan="11">被保险人声明：
1. 本人对上述情况认定属实，如有虚假，愿放弃保险的一切权利并承担法律责任。
2. 同意保险公司按现场查勘人员核定的修理价格及有关条款规定进行赔偿。
3. 本事故的保险赔款转入以下账户。
户名：
开户银行：
账号：
被保险人签章：
被保险人联系电话：
被保险人身份证号码：</td></tr>
<tr><td colspan="4">保险标的损失确认签名：</td></tr>
<tr><td rowspan="8">第三者信息及损失确认</td><td>车牌号</td><td></td><td>车型</td><td></td></tr>
<tr><td colspan="4">交强险保单及承保公司：</td></tr>
<tr><td>更换项目</td><td>核定金额</td><td>修理项目</td><td>核定金额</td></tr>
<tr><td></td><td></td><td></td><td></td></tr>
<tr><td></td><td></td><td></td><td></td></tr>
<tr><td></td><td></td><td></td><td></td></tr>
<tr><td>损失合计</td><td colspan="3"></td></tr>
<tr><td colspan="4">第三者损失确认签名及联系电话：</td></tr>
<tr><td colspan="5">查勘人签名：</td></tr>
</table>

赔款计算书

保险单号		赔案号	
被保险人		车牌号码	
保险期限	年 月 日 至 年 月 日	出险时间	年 月 日
出险地点		事故责任	

赔款计算

理算项目						
险别	项目费用	索赔金额	核损金额	责任比例	赔付金额	是否垫付

合计							
查勘费		校验费		公估费		其他费用	

本次赔付金额		垫付金额		本次赔付最终金额	

缮制人： 年 月 日	复核人： 年 月 日

核赔人意见	理赔经理意见	最终核赔意见
签字 年 月 日	签字 年 月 日	签字 年 月 日

（四）实施案例 4

根据教师给出的案例进行报案电话的接听、事故查勘以及赔款理算等工作内容。

接报案记录表

报案时间		接听人员		报案号	
车牌号		车辆颜色		VIN 码	
交强险	□有 □无	商业险	□有 □无	备注：	
出险时间		出险地点			
车辆所有人		报案人		联系电话	
事故类型	□单方 □双方	有无人员伤亡	□有 □无	对方是否需要赔付	□是 □否

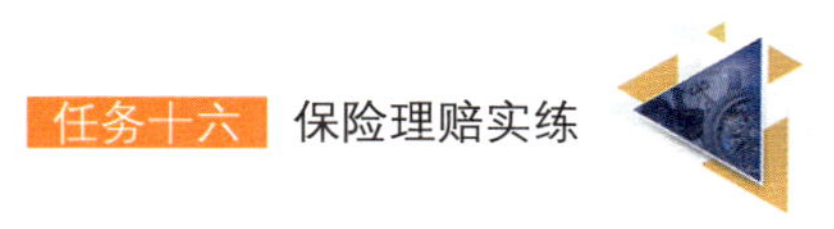

续表

事故发生原因：					
事故发生经过：					
其他：					
受理人		调派人		时间	

事故定损单

<table>
<tr><td rowspan="8">出险通知书</td><td colspan="4">被保险人：</td><td>保险单号：</td></tr>
<tr><td colspan="2">车牌号码：</td><td colspan="2">肇事司机：</td><td>司机电话：</td></tr>
<tr><td colspan="2">厂牌型号：</td><td colspan="2">驾驶证号码：</td><td>准驾车型：</td></tr>
<tr><td colspan="4">车辆 VIN 码：</td><td>车辆颜色：</td></tr>
<tr><td colspan="2">出险时间：　　年　　月　　日</td><td colspan="2">联系人：</td><td>联系电话：</td></tr>
<tr><td colspan="5">出险地点：</td></tr>
<tr><td colspan="5">出险原因及经过：
被保险人 / 肇事司机签章：</td></tr>
<tr><td colspan="4">记录事故碰撞点、损失部位及初步处理意见：</td><td rowspan="7">现场草图：</td></tr>
<tr><td rowspan="8">标的损失确认</td><td>更换项目</td><td>核定金额</td><td>修理项目</td><td>核定金额</td></tr>
<tr><td></td><td></td><td></td><td></td></tr>
<tr><td></td><td></td><td></td><td></td></tr>
<tr><td></td><td></td><td></td><td></td></tr>
<tr><td></td><td></td><td></td><td></td></tr>
<tr><td></td><td></td><td></td><td></td></tr>
<tr><td>损失合计</td><td colspan="3"></td><td rowspan="11">被保险人声明：
1. 本人对上述情况认定属实，如有虚假，愿放弃保险的一切权利并承担法律责任。
2. 同意保险公司按现场查勘人员核定的修理价格及有关条款规定进行赔偿。
3. 本事故的保险赔款转入以下账户。
户名：
开户银行：
账号：
被保险人签章：
被保险人联系电话：
被保险人身份证号码：</td></tr>
<tr><td colspan="4">保险标的损失确认签名：</td></tr>
<tr><td rowspan="8">第三者信息及损失确认</td><td>车牌号</td><td></td><td>车型</td><td></td></tr>
<tr><td colspan="4">交强险保单及承保公司：</td></tr>
<tr><td>更换项目</td><td>核定金额</td><td>修理项目</td><td>核定金额</td></tr>
<tr><td></td><td></td><td></td><td></td></tr>
<tr><td></td><td></td><td></td><td></td></tr>
<tr><td></td><td></td><td></td><td></td></tr>
<tr><td>损失合计</td><td colspan="3"></td></tr>
<tr><td colspan="4">第三者损失确认签名及联系电话：</td></tr>
<tr><td colspan="5">查勘人签名：</td></tr>
</table>

赔款计算书

保险单号		赔案号	
被保险人		车牌号码	
保险期限	年 月 日 至 年 月 日	出险时间	年 月 日
出险地点		事故责任	
赔款计算			

理算项目						
险别	项目费用	索赔金额	核损金额	责任比例	赔付金额	是否垫付
合计						

查勘费		校验费		公估费		其他费用	
本次赔付金额		垫付金额		本次赔付最终金额			
缮制人: 年 月 日				复核人: 年 月 日			
核赔人意见 签字 年 月 日			理赔经理意见 签字 年 月 日		最终核赔意见 签字 年 月 日		

（五）实施案例 5

请根据教师给出的案例进行报案电话的接听、事故查勘以及赔款理算等工作内容。

接报案记录表

报案时间		接听人员		报案号	
车牌号		车辆颜色		VIN 码	
交强险	□有 □无	商业险	□有 □无	备注:	
出险时间		出险地点			
车辆所有人		报案人		联系电话	
事故类型	□单方 □双方	有无人员伤亡	□有 □无	对方是否需要赔付	□是 □否

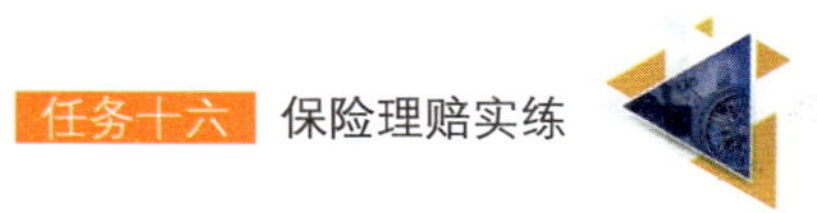

续表

<table>
<tr><td colspan="6">事故发生原因：</td></tr>
<tr><td colspan="6">事故发生经过：</td></tr>
<tr><td colspan="6">其他：</td></tr>
<tr><td>受理人</td><td></td><td>调派人</td><td></td><td>时间</td><td></td></tr>
</table>

事故定损单

<table>
<tr><td rowspan="8">出险通知书</td><td colspan="4">被保险人：</td><td>保险单号：</td></tr>
<tr><td colspan="2">车牌号码：</td><td colspan="2">肇事司机：</td><td>司机电话：</td></tr>
<tr><td colspan="2">厂牌型号：</td><td colspan="2">驾驶证号码：</td><td>准驾车型：</td></tr>
<tr><td colspan="4">车辆 VIN 码：</td><td>车辆颜色：</td></tr>
<tr><td colspan="2">出险时间： 年 月 日</td><td colspan="2">联系人：</td><td>联系电话：</td></tr>
<tr><td colspan="5">出险地点：</td></tr>
<tr><td colspan="5">出险原因及经过：
被保险人 / 肇事司机签章：</td></tr>
<tr><td colspan="4">记录事故碰撞点、损失部位及初步处理意见：</td><td rowspan="7">现场草图：</td></tr>
<tr><td rowspan="8">标的损失确认</td><td>更换项目</td><td>核定金额</td><td>修理项目</td><td>核定金额</td></tr>
<tr><td></td><td></td><td></td><td></td></tr>
<tr><td></td><td></td><td></td><td></td></tr>
<tr><td></td><td></td><td></td><td></td></tr>
<tr><td></td><td></td><td></td><td></td></tr>
<tr><td></td><td></td><td></td><td></td></tr>
<tr><td>损失合计</td><td colspan="3"></td><td rowspan="11">被保险人声明：
1. 本人对上述情况认定属实，如有虚假，愿放弃保险的一切权利并承担法律责任。
2. 同意保险公司按现场查勘人员核定的修理价格及有关条款规定进行赔偿。
3. 本事故的保险赔款转入以下账户。
户名：
开户银行：
账号：
被保险人签章：
被保险人联系电话：
被保险人身份证号码：</td></tr>
<tr><td colspan="4">保险标的的损失确认签名：</td></tr>
<tr><td rowspan="8">第三者信息及损失确认</td><td>车牌号</td><td></td><td>车型</td><td></td></tr>
<tr><td colspan="4">交强险保单及承保公司：</td></tr>
<tr><td>更换项目</td><td>核定金额</td><td>修理项目</td><td>核定金额</td></tr>
<tr><td></td><td></td><td></td><td></td></tr>
<tr><td></td><td></td><td></td><td></td></tr>
<tr><td></td><td></td><td></td><td></td></tr>
<tr><td>损失合计</td><td colspan="3"></td></tr>
<tr><td colspan="4">第三者损失确认签名及联系电话：</td></tr>
<tr><td colspan="5">查勘人签名：</td></tr>
</table>

赔款计算书

<table>
<tr><td>保险单号</td><td colspan="3"></td><td>赔案号</td><td colspan="2"></td></tr>
<tr><td>被保险人</td><td colspan="3"></td><td>车牌号码</td><td colspan="2"></td></tr>
<tr><td>保险期限</td><td colspan="3">年　月　日 至　年　月　日</td><td>出险时间</td><td colspan="2">年　月　日</td></tr>
<tr><td>出险地点</td><td colspan="3"></td><td>事故责任</td><td colspan="2"></td></tr>
<tr><td colspan="7">赔款计算</td></tr>
<tr><td colspan="7">理算项目</td></tr>
<tr><td>险别</td><td>项目费用</td><td>索赔金额</td><td>核损金额</td><td>责任比例</td><td>赔付金额</td><td>是否垫付</td></tr>
<tr><td></td><td></td><td></td><td></td><td></td><td></td><td></td></tr>
<tr><td></td><td></td><td></td><td></td><td></td><td></td><td></td></tr>
<tr><td></td><td></td><td></td><td></td><td></td><td></td><td></td></tr>
<tr><td></td><td></td><td></td><td></td><td></td><td></td><td></td></tr>
<tr><td></td><td></td><td></td><td></td><td></td><td></td><td></td></tr>
<tr><td></td><td></td><td></td><td></td><td></td><td></td><td></td></tr>
<tr><td colspan="7">合计</td></tr>
<tr><td>查勘费</td><td></td><td>校验费</td><td></td><td>公估费</td><td></td><td>其他费用</td><td></td></tr>
<tr><td>本次赔付金额</td><td></td><td>垫付金额</td><td></td><td>本次赔付最终金额</td><td></td></tr>
<tr><td colspan="4">缮制人：　年　月　日</td><td colspan="3">复核人：　年　月　日</td></tr>
<tr><td colspan="2">核赔人意见
签字　年　月　日</td><td colspan="3">理赔经理意见
签字　年　月　日</td><td colspan="2">最终核赔意见
签字　年　月　日</td></tr>
</table>

五、检查

（一）自检

结合本组任务实施过程，对任务执行过程中的规范性进行检查，检查实施过程中是否存在以下问题，分析讨论应如何避免并总结规范的工作方法（见表 16–3）。

表 16-3 自检

检查项目	检查结果
是否掌握汽车保险理赔的工作流程和内容	是□ 否□
是否对事故现场进行查勘和拍照取证	是□ 否□
是否能对客户的损失进行合理的定损	是□ 否□
是否能为客户进行赔款理算	是□ 否□

（二）互检

组与组之间相互进行任务实施过程及结果检查，并将检查结果填写在表 16-4 中。

表 16-4 互检

检查项目	检查结果
是否掌握汽车保险理赔的工作流程和内容	是□ 否□
是否对于事故现场进行查勘和拍照取证	是□ 否□
是否能对客户的损失进行合理的定损	是□ 否□
是否能为客户进行赔款理算	是□ 否□

六、课堂小结